Clara Maria von Oy

Montessori-Material

zur Förderung des entwicklungsgestörten
und des behinderten Kindes

Mit einer Einführung von
Franz Leuker

4. Auflage

»Edition S«

Clara Maria von Oy, Professor em.
Brinkstr. 40, 46325 Borken/Westf.

Bibliografische Information Der Deutschen Nationalbibliothek

Die Deutsche Nationalbibliothek verzeichnet diese Publikation in der Deutschen Nationalbibliografie; detaillierte bibliografische Daten sind im Internet über http://dnb.d-nb.de abrufbar

Fotonachweis:

Helga Sinnhuber:
Abbildungen 1, 8c, 8d, 9b, 10a u. b, 13a, 13d, 14c, 21a u. b und 23
Volker Steins:
Abbildungen 2, 3, 4, 5, 6a u. b, 7a u. b, 8a u. b, 8e, 9a, 11, 12a u. b, 13b u. c, 13e, 14a u. b, 15, 16, 17, 18a u. b, 19, 20 und 22

ISBN 978-3-8253-8195-0 · 4. Auflage

Imprimé en Allemagne · Printed in Germany
Umschlagdesign: Drißner-Design und DTP, Meßstetten
Druck: Memminger MedienCentrum AG, 87700 Memmingen

Gedruckt auf umweltfreundlichem, chlorfrei gebleichtem und alterungsbeständigem Papier.

Den Verlag erreichen Sie im Internet unter:
www.winter-verlag-hd.de

Arbeitshefte zur heilpädagogischen Übungsbehandlung

Herausgegeben von
Clara Maria von Oy · Alexander Sagi †

Band 3

Vorwort

Dieses Werkheft baut auf Ziele und Methoden der heilpädagogischen Übungsbehandlung (HPÜ) auf, wie sie im „Lehrbuch der heilpädagogischen Übungsbehandlung" von D. M VON OY und A. SAGI (Edition Schindele, Heidelberg, 1987[6] [10. Aufl. 1994]) beschrieben sind.

Ihm liegen langjährige Erfahrungen bei der Behandlung behinderter Kinder mit MONTESSORI-Material zugrunde, die ich mit Studenten der Kath. Fachhochschule Freiburg, Fachbereich Heilpädagogik, systematisieren und in das Konzept der HPÜ einbinden konnte.

Viele der hier mitgeteilten Einsichten und Anregungen sind Produkte unserer gemeinsamen Arbeit. Dafür danke ich allen Beteiligten.

Bei der Überarbeitung dieses Werkheftes waren mir HELGA SINNHUBER und FRANZ LEUKER ermutigende Gesprächspartner. Für ihre Mitarbeit möchte ich mich besonders bedanken.

CLARA MARIA VON OY

Inhaltsverzeichnis

1. Einführung

Franz Leuker

1.1 Maria Montessori: Ein Weg in die Welt des Kindes

> „Das Kind steht dieser menschlichen Gesellschaft völlig fremd gegenüber, und man könnte seine Stellung mit dem Bibelwort kennzeichnen: ‚Mein Reich ist nicht von dieser Welt'."
>
> Maria Montessori, Kinder sind anders, 1938

Zu den Aufgaben, die die Entwicklung der wissenschaftlichen Pädagogik im 20. Jahrhundert formuliert hat, gehört immer noch eine der weitreichendsten Entdeckungen dieser Pädagogik: Die Entdeckung einer neuen Welt, der Welt der Kinder. Diese Entdeckung hat pädagogisches Denken und Handeln tiefgreifend verändert und steht in einer wechselseitig wirksamen Beziehung zur Veränderung der gesellschaftlichen Rolle des Kindes und der Kindheit. Trotz dieser Veränderungen ist die Entdeckung der Welt des Kindes noch heute, da bereits „das Verschwinden der Kindheit"[1] angekündigt wird, wissenschaftsgeschichtlich betrachtet weniger Lösung, sondern nach wie vor aktuelle, nach Lösungsvorschlägen verlangende Problemstellung geblieben.

Dabei ist es gerade für Pädagogen heilsam, sich bei dieser Problemstellung immer wieder zu vergegenwärtigen, daß die wirksamsten Entdecker und Vertreter einer eigenen Welt des Kindes zwei pädagogische Außenseiter waren: Maria Montessori und Janusz Korczak.

Interessanterweise unternahmen beide als Mediziner, wenn auch aus verschiedenen Perspektiven, ihre ersten Schritte in diese Welt. Die bei aller Verschiedenheit der Persönlichkeiten und der Lebenssituationen übereinstimmend vehemente Art, mit der sich beide Autoren gegen die Entrechtung und Einschränkung der Kinder einsetzen, überrascht noch heute durch ihre sprachliche Radikalität. Leider ging im Zuge der Kanonisierung beider Autoren viel von der Kompromißlosigkeit verloren, mit der Montessori und Korczak die Lebenssituation der Kinder beschrieben.

Ihre entscheidenden Erfahrungen machten beide Autoren mit besonders benachteiligten Kindern: Maria Montessori lernte bei der Beschäftigung mit psychisch kranken und geistig behinderten Kindern die Schriften der französischen Pioniere der Behindertenpädagogik kennen: Jean Marc Gaspard Itard und Edouard Seguin. Janusz Korczak gab seine Arztpraxis auf, um sich ganz den sozial benachteiligten Waisenkindern widmen zu können.

So sehr sich die analytischen Aussagen beider Autoren über die gesellschaftliche Stellung des Kindes ähneln, so unterschiedliche Wege gehen beide, wenn aus der beschreibenden Analyse eigene Konzepte entwickelt werden. JANUSZ KORCZAK formulierte nie eine systematische Erziehungslehre. Seine pädagogischen Schriften sind der Versuch, die persönliche Beziehung von Kind und Erzieher als zentrales Moment der Pädagogik zu beschreiben, das alle Theorieansätze relativiert und auf diese persönliche Beziehung zurückführt. Kennzeichnend für seine anspruchs-, aber auch widerspruchsvollen Berichte, Gespräche und Ratschläge an die Erzieher ist die, wie HARTMUT VON HENTIG es formulierte, „fast möchte man sagen, unpädagogische Liebe zu den Kindern".

Der direkte Rückbezug auf erlebte Situationen, auch auf die Zeit, in der KORCZAK seine Begegnungen mit Kindern erfuhr, ist in seinen Texten immer spürbar. Dennoch ist sein in allen Schriften deutlich werdendes Anliegen, die theoretische und praktische Anerkennung einer eigenständigen, unverfügbaren Würde des Kindes, bis heute aktuell und letztlich unerfüllt geblieben. Auch die verbesserten äußeren Bedingungen, in denen seit den Zeiten MONTESSORIS und KORCZAKS Erziehung stattfindet, auch die zahlreichen reformpädagogischen Rezepte sind, gemessen an KORCZAKS Forderungen, meist Teillösungen geblieben.

Das Kind als völlig gleichberechtigten, wenn auch anderen Partner anzuerkennen und auf diese grundsätzliche Haltung die „Erziehung" aufzubauen, vermochten die meisten Pädagogen theoretisch oder praktisch nicht bis ins letzte zu erfüllen.

Deutlicher noch als in der Erziehung normal entwickelter Kinder wird der „nötige" Rest an Verfügung und Bevormundung im Umgang mit behinderten Kindern. Trotz der großen Fortschritte, die in der Heilpädagogik erzielt werden können, trotz des unbestreitbar guten Willens aller, die an der Betreuung und Erziehung behinderter Menschen mitarbeiten: Die vorpädagogische Anerkennung einer durch sich selbst und nicht erst durch ihre Förderung einen eigenen Wert erhaltenden Welt des behinderten Menschen bleibt eine Forderung, die weniger pädagogisch als gesellschaftlich auf ihre Lösung wartet.

Das Werk MARIA MONTESSORIS kann ein systematischer Ansatz zu dieser Lösung sein. Offenbar waren es auch Unterschiede in der Persönlichkeit, die bewirkten, daß MONTESSORI und KORCZAK von der gleichen Situationsanalyse zu methodisch unterschiedlichen Wegen zum Kind fanden. Beide setzten an der Beziehung Kind – Erzieher an, die speziell bei MARIA MONTESSORI eine Art Modellfall für das Verhältnis Kindheit – Gesellschaft darstellt. Während aber JANUSZ KORCZAK aus dieser direkten, liebevollen Beziehung heraus diese zu beschreiben und zu verändern sucht, sieht MARIA MONTESSORI zunächst nur eine Möglichkeit, wie das Kind sein Leben eigenverantwortlich bestimmen kann: indem es lernt, selbst seine Entwicklung zu gestalten. In diesem Prozeß ist die Erzieherin/der Erzieher nicht mehr unmittelbar beteiligt. Sie/er sorgt dafür, daß das Kind einen Rahmen vorfindet, in dem es ungestört die in ihm enthaltenen Fähigkeiten entfalten kann. Damit beeinflußt die Erzieherin/der Erzieher nicht mehr direkt die Entwicklung des Kindes, sondern stellt nur sicher, daß die in der Gesellschaft vorläufig nicht gegebenen Möglichkeiten zur Entfaltung der Persönlichkeit des Kindes im Einzelfall garantiert sind.

Maria Montessori entwickelte ihre Grundsätze aus einem konkreten Erlebnis, das sie selbst so beschreibt: „Die erste Erscheinung, die meine Aufmerksamkeit auf sich zog, zeigte sich bei einem etwa dreijährigen Mädchen, das damit beschäftigt war, die Serie unserer Holzzylinder in die entsprechenden Öffnungen zu stecken und wieder herauszunehmen. Diese Zylinder ähneln Flaschenkorken, nur haben sie genau abgestufte Größen, und jedem von ihnen entspricht eine passende Öffnung in einem Block. Ich erstaunte, als ich ein so kleines Kind eine Übung wieder und wieder mit tiefem Interesse wiederholen sah. Dabei war keinerlei Fortschritt in der Schnelligkeit und Genauigkeit der Ausführung feststellbar. Alles ging in einer Art unablässiger, gleichmäßiger Bewegung vor sich. Gewohnt, derlei Dinge zu beobachten, begann ich, die Übungen des kleinen Mädchens zu zählen. Auch wollte ich feststellen, bis zu welchem Punkt die eigentümliche Konzentration der Kleinen gehe, und ich ersuchte daher die Lehrerin, alle übrigen Kinder springen und herumlaufen zu lassen. Das geschah auch, ohne daß das kleine Mädchen sich in seiner Tätigkeit hätte stören lassen. Darauf ergriff ich vorsichtig das Sesselchen, auf dem die Kleine saß, und stellte es mitsamt dem Kinde auf einen Tisch. Die Kleine hatte mit rascher Bewegung ihre Zylinder an sich genommen und machte nun, das Material auf den Knien, ihre Übung unbeirrt weiter. Seit ich zu zählen begonnen hatte, hatte die Kleine ihre Übung 42mal wiederholt. Jetzt hielt sie inne, so als erwachte sie aus einem Traum, und lächelte mit dem Ausdruck eines glücklichen Menschen. Ihre leuchtenden Augen sahen vergnügt in die Runde. Offenbar hatte sie alle jene Manöver, die sie hätten ablenken sollen, überhaupt nicht bemerkt. Jetzt aber, ohne jeden äußeren Grund, war ihre Arbeit beendet. Was war beendet, und warum?

Es war dies der erste Spalt, der sich aus den unerforschten Tiefen der Kinderseele auftat."[2] Maria Montessoris pädagogisches Schlüsselerlebnis hatte in zweifacher Hinsicht Folgen für die Pädagogik, die sie formulierte und in ihrem „Casa dei Bambini", dem Kinderhaus, praktizierte.

Zunächst schloß sie aus dieser Beobachtung, daß Kinder nur ein begrenztes Maß an Anregung brauchen, um aus eigener Initiative eine ihnen gemäße, zufriedenstellende und damit zutiefst befreiende Tätigkeit zu entfalten. Besser als alle Leistungsanforderungen und Erwartungen, die an Kinder gestellt werden, ist, so folgerte sie, daß das Kind die Umgebung und die Anreize bekommt, die es zur ungehinderten Entfaltung seiner Anlagen braucht. Im Gegensatz zu manchem ihrer Kritiker war sich Maria Montessori durchaus bewußt, daß diese Entfaltung weitgehend symbolisch geschieht, wie auch die kindgerechte Umgebung keine gesellschaftliche Realität, sondern gleichsam eine Vorleistung der Pädagogik an die Kinder ist. Gerade die Spannung zwischen dem eher symbolischen Wert der Übungsgegenstände und dem tiefen Ernst, mit dem Kinder sich damit beschäftigen, macht aber die bleibende Bedeutung der MONTESSORI-Pädagogik aus: Die bewußte Beschränkung des Übungsmaterials auf sparsame und nüchterne Formen wirkt gerade in einer Zeit der Reizüberflutung aktuell. Die Reserve gegenüber rein spielerischer Betätigung, die ihr von manchen Kritikern vorgehalten wird, erklärt sich vielleicht hier am deutlichsten: Maria Montessori sah Spiele auch als oft unkonzentrierte, sprunghafte und damit letztlich nicht kindgemäße Betätigungen, die von der Gesellschaft als Notventil der schöpferischen Kraft des Kindes geduldet werden.

Trotz ihrer Bindung an die Entstehungszeit ist dieser erste Grundsatz der MONTESSORI-Pädagogik heute gültiger als ihre Überlegungen zum Vorgang des Lernens, die die zweite, theoretische Grundlage ihrer erzieherischen Arbeit bilden. Zwar ist ihre Annahme, daß ein Kind einem Embryo zu vergleichen sei, dem die ungehinderte, selbsttätige Entwicklung zu gewähren sei, als pädagogische Richtlinie wertvoll – als wissenschaftliche Theorie jedoch ist sie überholt. Sie begründet, warum das Kind – anders als die Erwachsenen, die sich in den Regeln der Gesellschaft auskennen und begrenzte Wege zur Entfaltung finden können – den Schutz der Gesellschaft vor der Gesellschaft braucht, solange diese nicht wirklich kindgerecht und wohl auch menschengerecht ist. Aber die Konzentration auf motorische und sensitive Entwicklung, die die MONTESSORI-Pädagogik auszeichnet, ist durch diese Annahme allein nicht gerechtfertigt.

Ausgehend vom psychologischen, pädagogischen und medizinischen Wissen ihrer Zeit und angeregt durch die Experimente und Erfahrungsberichte von ITARD und SÉGUIN, deren Schriften sie wiederentdeckte, setzte sie den Grundbegriff ihrer Methode: Konzentration. Ihre Erfahrungen und Beobachtungen bestärkten sie in der Auffassung, daß im Idealfall körperliche und geistige Konzentration zusammentreffen und dabei die tiefstmögliche Selbstentfaltung ermöglicht wird. Ihre Übungen orientieren sich an dieser Auffassung: Sie bestehen aus tätigen, die Sinnesorgane ansprechenden und von geistiger Konzentration begleiteten Vorgängen von der Unordnung zur Ordnung, von der Beliebigkeit zur Zuordnung, von der Einförmigkeit zur Polarisierung. Wenn es in ihren Übungen überhaupt einen Fortschritt gibt, so besteht er nicht darin, immer schwierigere Übungen durchzuführen, sondern in der intuitiven Auswahl des gerade passenden Materials und der konzentrierten, ständig wiederholten Beschäftigung damit.

MARIA MONTESSORI formulierte einmal die wichtigste Aufgabe der Erzieherin/des Erziehers: „Das Geheimnis der freien Entwicklung des Kindes liegt also in der Herrichtung der nötigen Mittel für seine geistige Ernährung, von Mitteln, die einem ursprünglichen Drang im Kinde entsprechen.“[3] Damit ist eine Haltung benannt, die weit über die methodischen und instrumentellen Grenzen der MONTESSORI-Methode hinaus Gültigkeit hat. Wer MARIA MONTESSORIS Gedanken vor diesem Hintergrund für sich entdeckt und versteht, kann, trotz der wissenschaftlichen und zeitlichen Begrenztheit einiger ihrer Methoden, dem Wesen ihrer Erziehung näherkommen – einer Erziehung, die zunächst dem Kind, dann aber auch der Erzieherin/dem Erzieher gerecht wird: Beide erhalten die Chance, an einem Prozeß teilzuhaben, der zu einer beglückenden Selbsterfahrung werden kann. Das Kind erfährt dies direkt in der aufmerksamen Beschäftigung, die Erzieherin/der Erzieher über den Umweg der reflektierten Beobachtung des Kindes und seiner eigenen Rolle.

1.2 Welt des Kindes – Welt des Erziehers

„Immer hat man sich an die Persönlichkeit des Kindes nur in dem einen pädagogischen Sinn gewendet, der das Kind zum Objekt der Erziehung und des Unterrichts macht. In dieser pädagogischen Tendenz hat man eine bestimmte Beziehung zwischen dem Kind und dem Erwachsenen festgelegt. Die Natur der Beziehungen zwischen dem Kind und dem Erwachsenen hat man aber nicht hinreichend untersucht, geschweige denn geklärt. Forscht man ihr nach, so taucht ein soziales Problem auf, das niemals geachtet worden ist: Der übersehene Faktor ist gefunden. Das Kind und der Erwachsene leben in einer Vereinigung, die Kampf auslöst. Es sind zwei vollkommen verschiedene Welten."

MARIA MONTESSORI, Grundlagen meiner Pädagogik, 1934.

Es liegt nur in der Konsequenz der Gedanken MARIA MONTESSORIS, wenn sie deren Gültigkeit und Wirksamkeit nicht nur auf die Kinder beschränkt sieht. So erwähnt sie im Anschluß an eine Beschreibung ihres pädagogischen Schlüsselerlebnisses fast beiläufig: „Man mußte dabei an das menschliche Leben denken, das sich in einem untergeordneten chaotischen Zustand auf viele Dinge zersplittern kann, bis eine besondere Sache es bannt. Dann gewinnt der Mensch die Offenbarung seiner selbst und fühlt, daß er anfängt, wirklich zu leben. Dieses geistige Phänomen, das die ganze Seele des Erwachsenen in sich einschließen kann, ist also nur eine der ständigen Begleiterscheinungen beim Erwachen des inneren Lebens."[4]

Auch der Erwachsene bedarf also noch jener Freiheit, die er nur erlernen kann, wenn er unbeeindruckt durch Zwänge von außen zu seinem Inneren finden kann. Damit relativiert MARIA MONTESSORI den gesellschaftlichen Anspruch der Erwachsenenwelt, bezieht ihn aber gleichzeitig in ihr pädagogisches Konzept ein. Da die gesellschaftliche Realität die Verantwortung für die Erziehung der Kinder den Erwachsenen überträgt, versucht MONTESSORI, über den Weg der bewußten und radikalen Trennung zwischen Kinder- und Erwachsenenwelt, zunächst den Kindern einen Freiraum zu gewähren. Diese Konzeption muß so lange Bestand haben, wie sich die Bedingungen der Kinder in der Gesellschaft nicht positiv geändert haben. Sie hebt sich von selbst auf, wenn diese Bedingungen allen Menschen eine ihnen angemessene Entfaltung ermöglichen. In MARIA MONTESSORIS Worten liest sich die Schlußfolgerung dieser Überlegungen kurz und bündig: „Die Pädagogik hat also Forderungen aufzustellen, die sich an den Erwachsenen richten und nicht an das Kind."[5] Grundlegend ist ein unerschütterbares Vertrauen der Erzieherin/des Erziehers in die Unabhängigkeit und Selbsttätigkeit des Kindes. Gerade im Bereich der Heilpädagogik ist das eine höchst anspruchsvolle Forderung. Denn vielfach beherrschen Vorstellungen bewußt oder unbewußt das Denken und Handeln im Umgang mit behinderten Menschen, die sich mit der Annahme einer eigenen Würde jedes Menschen nicht vereinbaren lassen. Hier bieten sich die Gedanken MARIA MONTESSORIS an, eine Hilfe zur Bewußtwerdung der eigenen Rolle und der Einschätzung des zu erziehenden Menschen zu werden. Am Ende dieser Bewußtwerdung, die ein komplexer und widerspruchsvoller Prozeß sein kann, kann die Überwindung der zunächst selbst auferlegten Grenzen stehen: eine Begegnung zweier unabhängiger, selbstbewußter Menschen. MARIA MONTESSORIS Konzept gibt oft erhobenen, inzwischen fast selbstverständlichen Forderungen im Umgang mit behinderten Menschen ein nachvollziehbares Fundament, das diese Forderungen davor bewahren kann, zu Schönwetter-Idealen zu werden, die in ernsten Situationen wieder der alten Bevormundung weichen müssen. Ihre pädagogischen Gedanken und die Art, wie sie sie beschreibt, ermöglichen eine intensive Auseinandersetzung, in der auch der eigene Standpunkt in den entscheidenden Punkten bewußt und überprüfbar wird. Ihre praktischen Anweisungen und Übungsvorschläge machen es relativ leicht, erste Erfahrungen mit ihrer Methode zu gewinnen und sie mit eigenen Vorstellungen zu verbinden. Mit der Aufhebung der scheinbaren Identität der Welt der Erwachsenen und derer, die für sie tauglich gemacht werden müssen, wächst das Gespür für die Persönlichkeit des Kindes oder des behinderten Menschen. Erziehung im Sinne der MONTESSORI-Pädagogik heißt nicht fordern, vermitteln und auf ein Lernziel hinarbeiten, denn das Lernziel, die Befolgung eigener Wiß- und Lernbegierde, erfüllt der zu erziehende Mensch von sich aus. Erziehen heißt: Eine geeignete Umgebung entwickeln und schaffen, das Verhalten des (behinderten) Kindes genau beobachten und versuchen, ihm die Anreize zu geben, die es braucht. Hier wirkt sich die Betonung der motorischen und sensorischen Fähigkeiten der MONTESSORI-Pädagogik positiv aus: Sie liefert der Erzieherin/dem Erzieher Anhaltspunkte für die Beobachtung, weckt die Sensibilität und die Sicherheit beim Angebot des richtigen Lernmaterials. Die konzentrierte Tätigkeit, vom Kind oder vom behinderten Menschen direkt vollzogen, von der Erzieherin/dem Erzieher reflektierend beobachtet, ist ein Weg in die Welt des Kindes. Die Bestätigung, die Kinder und behinderte Menschen in dieser Tätigkeit erfahren, ist auch für die Beziehung zur Erzieherin/zum Erzieher von verändernder Bedeutung.

Die Ideen der MONTESSORI-Methode bieten geeignete Voraussetzungen, dem Kind Zeit und Geduld zu widmen. Sie sind bei bewußter Anwendung eine Möglichkeit, die Einstellung zur Erziehung und zum Kind zu ändern. Besonders bei der Arbeit mit behinderten Kindern ist ein beträchtlicher Vorschuß an Geduld und Vertrauen hilfreich. MARIA MONTESSORI selbst sah in der Reaktion normal entwikkelter und behinderter Kinder auf ihre Materialien deutliche Unterschiede. Die Polarisation der Aufmerksamkeit, die sie als Schlüsselerlebnis für ihre Ideen beschrieb, stellte sie bei keinem der geistig behinderten Kinder spontan fest, die zuvor mit dem Material konfrontiert wurden. „Der erste grundlegende Unterschied zwischen einem normal und einem geistig zurückgebliebenen Kind, denen beide dasselbe Material vorgesetzt wird, besteht darin, daß das (in der damaligen medizinischen Terminologie, Anm. d. Verf.) schwachsinnige Kind kein spontanes Interesse zeigt. Man muß seine Aufmerksamkeit ständig aktiv erregen, es zur Beobachtung, zum Vergleich auffordern und dabei zur Tätigkeit ermuntern."[6] Die Gründe dafür liegen nach ihrem Konzept darin, daß behinderte Menschen Schwierigkeiten bei der Koordinierung ihrer Motorik und ihrer Sinne haben. Dadurch sind sie nicht in der Lage, sich direkt durch Materialien ansprechen zu lassen.

Man hat dem MONTESSORI-Konzept oft vorgeworfen, daß hier durch die pädagogische Hintertür eine Wertabstufung von „normalen" und behinderten Menschen wieder eingeführt wird. Tatsächlich besteht diese Gefahr bei einseitiger Auslegung ihres Entwicklungszieles der „Normalisation". Doch bedeutet „Normalisation" bei MARIA MONTESSORI nicht, daß ein als Norm definierter Entwicklungsstand erreicht wird. Die Norm ist jeder Einzelne: „Normalisation" ist erreicht, wenn die individuellen Anlagen für sich und – ein Aspekt, der bei MARIA MONTESSORI selten ausdrücklich genannt wird – für andere entfaltet werden. Es erleichtert die Arbeit mit dem MONTESSORI-Material, wenn man sich daran erinnert, daß MARIA MONTESSORI selbst von der eher zufällig entdeckten starken Wirkung, die ihr scheinbar nüchternes und rationales Übungsmaterial auf Kinder hatte, überrascht war. Sie schrieb ihr fast mystische, wunderähnliche Züge zu und sah in der freien Entfaltung der Persönlichkeit auch einen religiösen Vorgang – den Weg zu Gott als Mitte des Lebens. „So kam es, daß die Kindesseele sich selbst offenbarte . . ."[7]

Für den Umgang mit den behinderten Menschen bedeuten diese Gedanken: Einfühlungsvermögen, Beobachtungsgabe und Phantasie sind besonders gefordert, um eine so verstandene Normalisation anzuregen. Dazu gehört die Fähigkeit, die Gedanken- und Gefühlswelt des behinderten Menschen nachzufühlen und ihr entspechende Angebote zu machen. Die Einschätzung der Möglichkeiten und der Grenzen seiner Entwicklung bedarf einer ständigen kritischen Überprüfung. Denn auch hier stößt man immer wieder auf ein konstitutives Dilemma der Pädagogik für behinderte Menschen: Ist wirklich der behinderte Mensch Mittelpunkt unserer Überlegungen und Anstrengungen, oder geht es unbewußt doch um Anpassung und Normerziehung? Auch bei dieser verantwortungsvollen Aufgabe kann es hilfreich sein, die andere Welt des anderen Menschen anzuerkennen, bevor man sie zu verstehen versucht. MARIA MONTESSORI hat trotz der Entwicklung ihres Übungssystems nie aufgehört, über die Seele des Kindes erstaunt zu sein, sie als Geheimnis zu bewundern. Dieses Staunen ist auch in der Pädagogik für behinderte Menschen nötig, wenn man nicht einem lebensfernen Zweckrationalismus verfallen will.

1.3 Der Schlüssel zur Welt

> „Unser Material soll kein Ersatz für die Welt sein, soll nicht allein die Kenntnis der Welt vermitteln, sondern soll Helfer und Führer sein für die innere Arbeit des Kindes. Wir isolieren das Kind nicht von der Welt, sondern wir geben ihm ein Rüstzeug, die ganze Welt und ihre Kultur zu erobern. Es ist wie ein Schlüssel zur Welt und nicht mit der Welt selbst zu verwechseln."
>
> MARIA MONTESSORI, Grundlagen meiner Pädagogik, 1934.

MARIA MONTESSORI hat ihre Beobachtungen aus der jahrzehntelangen Arbeit mit Kindern detailliert aufgeschrieben und daraus Schlüsse auf die sensorische und motorische Entwicklung und ihre zeitlichen Phasen gezogen. Zwar erscheint vieles an ihren Aussagen zur Anthropologie zeitgebunden und ergänzungsbedürftig, dennoch überrascht die Vielzahl an präzisen Beschreibungen und Datierungen bestimmter Entwicklungsphasen, die nachträglich von der Medizin und der Psychologie bestätigt wurden.[8] Die Beobachtungen wurden zu einer bestimmten Zeit und mit einem bestimmten Wissenshorizont formuliert und interpretiert. Zudem sind sie das Resultat einer Beschäftigung mit sehr nüchternen, fast spartanischen Materialien – und doch entsprechen sie bis heute vielfach dem Stand der Wissenschaft.

Die Konsequenz der empirisch-wissenschaftlichen Vorgehensweise MARIA MONTESSORIS ist nur eine Teilerklärung für die Treffsicherheit ihrer entwicklungspsychologischen Einzelbeobachtungen. Bedeutender ist, daß ihre Methode eine eindimensionale und nachvollziehbare, in ihrer Grundlegung aber vielschichtige Verbindung zwischen wissenschaftlicher Theorie und erzieherischer Praxis darstellt. Allein durch die physio- und psychologischen Gesetzmäßigkeiten der Kindesentwicklung sind ihre Methoden und Materialien nicht zu rechtfertigen. Das Wissen um diese Gesetzmäßigkeiten wandelt sich und legt dadurch auch einen Wandel der Erziehung nahe. Außerdem geriete eine Pädagogik, die sich allein auf wissenschaftliche Erkenntnisse über die Individual- und Sozialentwicklung stützt, unverzüglich zu einer Art Programmierkurs.

MARIA MONTESSORI hat immer betont, ihre Ideen für Kinder in einer ganz bestimmten, zeitlich nicht absehbaren, aber beschränkten Situation entwickelt zu haben. Die vorbereitete Umgebung ist nötig, weil in der Gesellschaft keine andere Umgebung für eine ungehinderte Entfaltung der Persönlichkeit besteht. Die Materialien sind einfach und phantasielos, weil sie Kinder intensiv ansprechen, deren Sinnesorgane von einer Flut der verschiedensten unbewältigten Reize verstopft sind. Möglicherweise können sogar die Grundbegriffe der MONTESSORI-Pädagogik, Konzentration und Normalisation, als zeitbedingt begriffen werden. Dennoch nimmt MARIA MONTESSORI an, daß die Beschäftigung mit der abgeschlossenen, be-greifbaren und sofortige Fehlerkontrolle ermöglichenden Welt der Sinnesmaterialien Wirkungen auf alle Lebensbereiche hat. Sie schränkt diese Wirkung nicht auf die sensorischen und motorischen Fähigkeiten ein, sondern sieht direkte und indirekte Folgen auch auf das soziale, religiös-ethische und religiös-kulturelle Verhalten des Menschen, der sich damit beschäftigt.

Die Spannung zwischen der Einfachheit und Beliebigkeit des Materials und den komplexen Lebenszusammenhängen – Mensch und Welt –, die über dieses Material zu einer Verständigung finden, gehört zu den faszinierendsten Eigenarten der MONTESSORI-Pädagogik. Die Beschränkung dieser Pädagogik auf ein überaus ernsthaft ausgeführtes und beobachtetes symbolisches Handeln ist nicht nur eine Vereinfachung, die die Beobachtung erleichtert. Durch diese selbstauferlegte Beschränkung der Pädagogik bleibt dem (behinderten) Kind das pädagogisch unerforschbare und unverfügbare Geheimnis der Bedeutung solchen symbolischen Handelns. Das kann ein wirksamer Schutz vor einer mechanistischen Ursache-Wirkung-Erziehung sein.

Die ernsthafte Symbolik des MONTESSORI-Materials bereitet auf weitere individuell wie sozial symbolisch ablaufende Verständigungsprozesse vor. Sie ist offenbar geeignet, eindimensionaler Schlüssel zu einer vielschichtigen Welt zu sein.

Es klingt utopisch, von dieser Welt zu behaupten, daß sie eine andere sein kann: Eine Welt, die die Verschiedenartigkeit der individuellen Lebenserfahrungen und Ausdrucksmöglichkeiten vorurteilsfrei akzeptieren kann, weil die in ihr lebenden Menschen Bestätigung in sich selbst und nicht in der Abwertung anderer finden. Das gemeinsame Wissen um diese Verschiedenartigkeit, das schon in der Erziehung grundgelegt werden kann, ist dafür ein vielschichtiges und komplexes, aber tragfähiges Fundament – ein Fundament, das den Menschen gerechter wird als die mühsame Scheinobjektivität begrenzter Weltsicht.

Anmerkungen

1. Postman, Neil: Das Verschwinden der Kindheit. Frankfurt 1983
2. Montessori, Maria: Kinder sind anders. Frankfurt u. a. 1981^2, S. 165 f.
3. Montessori, Maria: Montessori-Erziehung für Schulkinder. Stuttgart 1926, S. 75
4. ebd., S. 74
5. Montessori, Maria: Grundlagen meiner Pädagogik. In: Handbuch der Erziehungswissenschaft, 3. Teil, Band 1. München 1934, S. 267
6. Montessori, Maria: Die Entdeckung des Kindes. Freiburg 1969, S. 198
7. Montessori, Maria: Montessori-Erziehung für Schulkinder. Stuttgart 1926, S. 75
8. Vgl. Hellbrügge, Theodor: Die Montessori-Pädagogik und das behinderte Kind. In: Die Montessori-Pädagogik und das behinderte Kind, Referate und Ergebnisse des 18. Internationalen Montessori-Kongresses, hrsg. von Theodor Hellbrügge und Mario Montessori. München 1978, S. 33–57.

Literaturempfehlungen

Einen ersten Einblick in die Sprach- und Gedankenwelt MARIA MONTESSORIs leistet der Sammelband

Grundgedanken der MONTESSORI-Pädagogik, zusammengestellt von P. OSWALD und G. SCHULZ-BENESCH, Freiburg 1975^4. In ihm finden sich auch Hinweise auf Originalausgaben des Werkes MARIA MONTESSORIs.

Eine umfassende und materialreiche, teilweise engagiert formulierte Biographie ist das Buch von RITA KRAMER, MARIA MONTESSORI. Leben und Werk einer großen Frau. Frankfurt 1983.

MONTESSORI, hrsg. von GÜNTER SCHULZ-BENESCH (= Wege der Forschung CC). Darmstadt 1970, ist eine Sammlung von Beiträgen zur Kontroversen MONTESSORI-Diskussion seit 1910

Wichtige Anregungen und weiterführende Hinweise für die Verwendung der MONTESSORI-Methode in der Arbeit mit behinderten Menschen finden sich in:

Die MONTESSORI-Pädagogik und das behinderte Kind, hrsg. von THEODOR HELLBRÜGGE und MARIO MONTESSORI. München 1978.

2. MONTESSORI-Material in der heilpädagogischen Übungsbehandlung

„Das innere Problem der neuen Pädagogik besteht darin, jedem Kind das zu geben, was seine Gegenwart jeweils verlangt.“[1]

2.1 Die Wirklichkeit der heilpädagogischen Praxis

Die Fähigkeit, Probleme mit einfachen, klaren Worten zu einer oft überraschenden Lösung zu führen, hat MARIA MONTESSORI und ihren Schriften nicht nur bei angehenden und bei berufstätigen Pädagoginnen und Pädagogen zu einiger Beliebtheit verholfen. Manchmal entsteht der Eindruck, daß sie öfter zitiert als praktiziert wird. Die umfassende Bedeutung ihrer Schriften entfaltet sich allerdings erst im Rückbezug auf die praktische Arbeit, aus der sie hervorgegangen sind.

Als Heilpädagoge/in, als Erzieher/in oder als Heilerziehungspfleger/in wissen Sie, als angehender/e Heilpädagoge/in werden Sie es vielfach erfahren: In der alltäglichen Arbeit verliert das einleitende Zitat seine Klarheit und Einfachheit, wird vielmehr zum Hinweis auf zwei grundlegende Probleme erzieherischen Handelns. Erziehung, so würde MARIA MONTESSORI es in ihrer medizinischen Fachsprache ausdrücken, ist Analyse und Therapie-Erkennen der Gegenwart des Kindes und ungestörtes Angebot an allem, was diese Gegenwart verlangt. Schon in der Arbeit mit körperlich und geistig „normal“ entwickelten Kindern sind diese beiden Voraussetzungen nur schwer zu erfüllen. In der Heilpädagogik kommen weitere Schranken zwischen Theorie und Realität hinzu: Kommunikationsprobleme erschweren es, die Gegenwart des geistig behinderten Menschen zu erkennen, und Sach-, Institutions- und Zeitzwänge verhindern oft genug eine angemessene Zuwendung. Das kann vor allem deshalb langfristige Folgen haben, weil in der Begegnung mit behinderten Menschen mehr als sonst Wachheit und Ernsthaftigkeit gefordert sind, Herablassung und Nachlässigkeit hingegen nicht überspielt werden können. Die Gegenwart des geistig behinderten Menschen verlangt also zunächst den ganzen Heilpädagogen.

Es kann für Sie als heilpädagogisch tätigen Menschen daher nur hilfreich sein, sich immer wieder die beiden unerschöpflichen Möglichkeiten in Erinnerung zu rufen, die das einleitende Zitat gleichzeitig mit dem Hinweis auf die zentralen Probleme enthält. Leben und Werk MARIA MONTESSORIs bedeuten vielleicht nicht den Beginn der Heilpädagogik, wohl aber den Beginn der Wirkung heilpädagogischer Anliegen in der gesellschaftlichen Öffentlichkeit. MONTESSORI entdeckte die Schriften ITARDS und SÉGUINS nicht allein für sich, sie machte sie auch einer größeren Zahl von Lesern wieder zugänglich. Letztlich bedeutet MARIA MONTESSORIS Werk das Ende der alleinigen Verwahrung alles „abnormalen" menschlichen Lebens und den Beginn einer veränderten Definition der Menschenwürde.[2]

Zwar heißt der Zentralbegriff der MONTESSORI-Pädagogik „Normalisierung"[3], doch ist damit nicht das Erreichen eines allgemein verbindlichen Verhaltens- und Fähigkeitskatalogs gemeint. MARIA MONTESSORI bindet den Begriff der Normalisation an den einzelnen Menschen an und beschreibt ihn als die Fähigkeit, Konzentration und Aktivität auf die Durchführung einer bestimmten, dem eigenen Vermögen angemessenen Tätigkeit zu lenken.

Ein Drehen des Kopfes zur Bezugsperson, selbständiges An- und Ausziehen, Spiel, Hausarbeit oder kreative Tätigkeit: Alle diese Handlungen können die dem eigenen Vermögen entsprechende Tätigkeit sein. Gemeinsam ist ihnen die freie, selbstbestimmte Art ihrer Durchführung. Arbeit als Weg zum eigenen Ich, letztlich also zu dessen Ursprung, zu Gott: Mit dieser engen Anbindung der Tätigkeiten an den Menschen und seine Möglichkeiten wird aber nicht der bestehende Bewußtseinszustand verfestigt. Das steigende Selbstbewußtsein, das durch die Erfahrung einer erfolgreichen Arbeit entsteht und das von der Heilpädagogin/dem Heilpädagogen durch gezieltes Lob weiter aufgebaut werden sollte, läßt den behinderten Menschen die Erfahrung eines sozialen Wertes machen, die allein durch den inneren Wert bestimmt ist. Für beide, für den behinderten und für den heilpädagogisch tätigen Menschen, kann der Realismus der MONTESSORI-Pädagogik, der immer die begrenzten Fähigkeiten des Einzelnen berücksichtigt, dennoch auch Anlaß zur Hoffnung sein: Hoffnung auf eine nicht endende Neugier nach weiteren Aufgaben, Materialien und Selbstbestätigungen.

2.2 Wissenschaftliche Grundlagen der Montessori-Pädagogik

Für die heutige Heilpädagogik ist gewiß nicht mehr jede theoretische Einzelheit der Gedanken MARIA MONTESSORIS relevant. Dazu sind vor allem die medizinischen, soziologischen und anthropologisch-pädagogischen Kenntnisse ihrer Zeit zu weit vom heutigen Stand entfernt. MARIA MONTESSORI wirkte in einer Zeit, in der mehrere zuvor isolierte wissenschaftliche Betrachtungsweisen der Kindheit zusammenfanden, wozu sie einen nicht unerheblichen Teil selbst beisteuerte. Dieser Prozeß ist bis heute noch nicht abgeschlossen, weshalb bisweilen Theorien, die aus Einzelbeobachtungen gezogen werden, von neuen Beobachtungen überholt werden.

Dennoch kann die Vorgehensweise MARIA MONTESSORIS nicht in den Einzelerkenntnissen ihrer verschiedenen Gesichtskreise – Medizin, Soziologie und pädagogische Anthropologie –, wohl aber in deren Verbindung heute noch Aktualität beanspruchen. Neben einer erstaunlich zurückhaltenden, ganz im Gegensatz zu anderen

Reformentwürfen uneuphorischen und die Person des Erziehers in den Hintergrund schiebenden Art, in der sie ihr Reformprogramm entwirft, trägt dazu vor allem ihr Leitgedanke bei. MARIA MONTESSORIS bleibende Bedeutung besteht darin, alle Einzelerkenntnisse der genannten Gesichtskreise und deren Zusammenführung unter einen zentralen Aspekt zu stellen: den Versuch, das Wesen des Kindes als gegenüber der Erwachsenenwelt unabhängigen, eigenständigen Wert darzustellen. Ihr Konzept der Normalisation als Kultivierung der kindlichen Selbstbildungskraft dürfte trotz der unprätentiösen Art seiner Vorstellung einer der bisher konsequentesten Versuche sein, dieses theoretische Ziel praktisch zu verwirklichen: die Entfaltung des Kindes genau zu dem Menschen, der es sein kann.[4] Da dies nach ihrer Auffassung nur erreicht werden kann, wenn sich die Erzieherin/der Erzieher als Person im Erziehungsprozeß bewußt zurückhält, nur über ausgewählte Symbole auf das Kind einwirkt, wird diesem Konzept bis heute vorgeworfen, ein technisches Lernprogramm fern dem Leben zu sein. Auch der Zusammenhang mit der oft skandalösen Situation, in der gesunde und kranke Kinder zur Zeit MARIA MONTESSORIS leben mußten und in denen sie ihr begegneten, führte oft zu dem Verdacht, daß hier gesellschaftliche Probleme nicht beantwortet, sondern ausgeblendet wurden.

Eine derart sachlich kühle Reaktion auf diese Zustände wirkt aber mit zunehmender zeitlicher Distanz mehr und mehr einleuchtend und gültig, so wie auch das Konzept der stark physisch orientierten Erziehung in einer Zeit der Entdeckung des „ganzheitlichen Menschen“ unverhoffte Aktualität empfängt.

MARIA MONTESSORI verband die wohltuende Wirkung einfacher Reize, wiederholbarer Bewegungen und ordnungschaffender Tätigkeiten direkt mit ihrem pädagogischen Konzept. Zusammen mit einer Umgebung, die dem natürlichen Bedürfnis des – gesunden wie kranken – Kindes nach einer einfachen, klaren Strukturierung der Umwelt entgegenkommt, wirken bei ihrem Konzept Übungen und Materialien für zahlreiche Zusammenhänge motorischer und sensorischer Tätigkeiten. Der ständigen Überforderung durch zu viele, zu komplizierte und zu verschiedene Reize stellt sie dabei die fast meditative, intensive und das Selbstbewußtsein stärkende Tätigkeit mit einfachen Vorgängen entgegen. Die Wirkung dieser Tätigkeit geht weit über ihre Dimension hinaus und läßt aus einem unwillkürlich reagierenden ein willkürlich agierendes Kind werden.

2.3 Meine Erfahrungen mit Ideen und Material von Maria Montessori in der heilpädagogischen Übungsbehandlung

Die Bedeutung der Pädagogik MARIA MONTESSORIS für geistig behinderte Menschen erlebte ich in verschiedenen, aufeinander aufbauenden Phasen.

Am Beginn meiner Arbeit mit geistig behinderten Kindern stand die eher zufällige praktische Begegnung mit den verschiedenen Materialien MARIA MONTESSORIS.

Neben den Spielgaben FRÖBELS und den kritisch gesichteten und ausgesuchten Spielmaterialien des Funktions-, Rollen-, Konstruktions- und Regelspiels bot ich den Kindern immer wieder auch ausgewählte MONTESSORI-Materialien. Ein zweiter Schritt der Auseinandersetzung mit diesem Material war die eigene Herstellung, bei der ich auch die Veränderungen vornehmen konnte, die mir aus meiner praktischen Erfahrung mit den mir anvertrauten jungen Menschen angebracht erschienen. Vorübungen und Hilfskonstruktionen sollten die Neugier der Kinder wecken und ihnen Schritte zur spezifischen Handhabung der Materialien ermöglichen. Eingang in mein Konzept der heilpädagogischen Übungsbehandlung fanden auch die lebenspraktischen Aufgaben MARIA MONTESSORIS, die ich regelmäßig anbot. Neben der Bedeutung der alltäglichen Fähigkeiten für das Selbstwertgefühl der Kinder, die ich immer wieder erleben durfte, leuchtete mir auch die abstraktere Wirkung dieser Übungen, wie MARIA MONTESSORI sie beschrieb, ein: eine allmähliche, immer weiter fortschreitende Ordnung der Motorik und Sensorik, die den Weg zu komplexen Wahrnehmungen öffnet, indem sie zunächst einfachste Zusammenhänge einübt, erschien mir besonders für die Förderung behinderter Menschen geeignet. Die theoretischen Überlegungen zur Entwicklung der heilpädagogischen Übungsbehandlung, die aus meinen zahlreichen Begegnungen mit behinderten Menschen resultierten, entsprachen in vielen Punkten Grundgedanken der MONTESSORI-Pädagogik. Kennzeichnend für beide Modelle ist die systematische, geplante und gezielte Anregung und Förderung der Selbsttätigkeit des geistig behinderten Menschen. Bei dieser Förderung aller Sinnes- und Tätigkeitsfelder des behinderten Menschen, die als Hilfe zur Selbsthilfe verstanden wird, spielt das Material eine wichtige Rolle.

Gleichzeitig empfand ich viele der Gedanken MARIA MONTESSORIS immer wieder als beengend. So steht der hohen Bedeutung, die in der heilpädagogischen Übungsbehandlung dem freien, kreativen Spiel beigemessen wird, eine zunächst recht negative Einschätzung bei MARIA MONTESSORI gegenüber. Sie sieht in ihm auch die Gefahr einer Zerstreuung und Verwirrung der sensorischen und motorischen Fähigkeiten, die die positiven Entwicklungen in Frage stellen können. Wichtiger erscheint mir heute die unterschiedliche Bewertung der Beziehung behinderter Mensch – erzieherisch tätiger Mensch: In der heilpädagogischen Übungsbehandlung fällt dieser Beziehung eine für den Erfolg aller gemeinsamen Arbeit grundlegende Bedeutung zu, während MARIA MONTESSORI in ihr Konzept der vorbereiteten Umgebung auch die bewußte Nichteinflußnahme der Erzieherin/des Erziehers mit einbezieht.

Gedanken und Ziele MARIA MONTESSORIS haben meine theoretische und praktische Arbeit am Konzept der heilpädagogischen Übungsbehandlung immer wieder befruchtet. Dabei sind mir vor allem die Aussagen wichtig geworden, die sich auf das von mir als zentral erfahrene Problem allen heilpädagogischen Handelns beziehen: Während ich in meiner praktischen Arbeit immer stärker die freie und alle Erfahrungsbereiche umfassende Begegnung zweier absolut gleichwertiger Menschen suche und finde, empfinde ich die theoretische Frage nach der Berechtigung heilpädagogischen Eingreifens in eine Persönlichkeit als immer weniger eindeutig lösbar. Hier erfahre ich die bleibende Aktualität MARIA MONTESSORIS: Vor der emotionalen Bindung steht für sie die erarbeitete, nicht die gespielte Selbstbestätigung des scheinbar unterlegenen behinderten Menschen als eine Aussage, die dieser Beziehung von Anfang an eine andere Bedeutung verleiht als die der einseitigen fürsorglichen Förderung. Für mich bildet diese bleibende Aktualität auch die Brücke zu allen integrativen Modellen, die derzeit auf der Basis der MONTESSORI-Pädagogik aufgebaut werden: Die logische Folge aus der Forderung, jedem Menschen zu ermöglichen, was sein individuelles Menschsein bestimmt, ist der Versuch der gemeinsamen Erziehung behinderter und nichtbehinderter Menschen.

Für dieses anspruchsvolle Ziel, das eine den Kinderschuhen kaum entwachsene Heilpädagogik bereits kühn skizziert, werde ich MARIA MONTESSORI noch lange brauchen – als unbequeme, unerschöpfliche Anregung ebenso wie als manchmal ärgerlich nüchterne, mein Zuwendungsbedürfnis kritisierende Zurückhaltung. Ihr Wert besteht für mich darin, daß sie in den kleinsten, unscheinbarsten Schritten und Tätigkeiten einen Realismus offenbart, der unsere kleinmütigen Vorstellungen oft weit überschreitet.

Literatur

1. Montessori, M.: Grundlagen meiner Pädagogik. Heidelberg 1968[4], S. 30
2. vgl. Montessori, M.: Die Entdeckung des Kindes. Freiburg 1969, S. 26
3. vgl. Böhm, W.: Maria Montessori. Hintergrund und Prinzipien ihres pädagogischen Denkens. Bad Heilbrunn 1969, S. 46 ff.
4. vgl. Böhm, W.: a.a.O., S. 122

3. Übungen und Materialien

3.1 Gesamtdarstellung der Übungsvorschläge mit Montessori-Material

Übungen des täglichen Lebens

Pflege der Person:

Verschlußrahmen
Schuhe putzen
Hände waschen

Pflege der Umgebung:

Tisch decken
Setzen und Pflegen einer Topfpflanze

Analyse und Kontrolle der Bewegungen:

Reisschütten
Wassergießen
Übungen der Stille
Gehen auf der Linie

Übungen mit dem Sinnesmaterial

Rosa Turm
Braune Treppe
Rote Stangen
Einsatzzylinder
Farbige Zylinder

Material zur Unterscheidung von Farben:

Farbtäfelchen

Material zur Unterscheidung von Formen:

Geometrische Kommode
Konstruktive Dreiecke
Geometrische Körper

Material zur Unterscheidung von Oberflächen und Materialstrukturen:

Tastbretter (rauh – glatt)
Tastbretter (grob – fein)
Kasten mit Stoffen
Überraschungsbeutel

Material zur Unterscheidung von Gewichten:

Gewichtsbrettchen

Material zur Unterscheidung von Geräuschen und Tönen:

Geräuschdosen

Material zur Unterscheidung von Gerüchen:

Geruchsdosen

Material zur Unterscheidung von Geschmacksqualitäten:

Geschmacksgläser

Material zur Unterscheidung von Wärmequalitäten:

Wärmekrüge
Temperaturplatten

Übungen mit dem Mathematischen Material

Einführung in den Zahlenraum von 0 – 10:

Numerische Stangen mit Zahlenbrettchen
Sandpapierziffern
Spindeln
Ziffern und Chips
Arbeitsteppiche

Alle aufgeführten Materialien sind erhältlich bei:

Nienhuis Montessori B.V.
Postfach 16
Zelhem-Holland

Büro, Fabrik, Schauraum:

Industriepark 14
Zelhem (GLD.)-Holland

3.2 Hinweise für den Heilpädagogen zur Einführung des Montessori-Materials

3.2.1 Voraussetzungen

Durch *Ihre* Einstellung werden im Menschen mit einer geistigen Behinderung Kräfte geweckt, die ohne Ihre Zuwendung verschüttet oder verkümmert bleiben. Jede Form von Weiterentwicklung hängt davon ab, ob der geistig behinderte Mensch eine aufmerksame und liebevolle, an seiner Entwicklung interessierte Umwelt vorfindet. Ohne Ihre interessierte, lebendige Anteilnahme ist eine „Weiterentwicklung der Lebenstechniken und Erhöhung der Lebensqualitäten" (SIEGENTHALER) nicht möglich.

Die geduldige, andauernde Begegnung zwischen dem Menschen mit einer geistigen Behinderung und dem Heilpädagogen soll die gewünschten Veränderungen bewirken.

In der Persönlichkeit des behinderten Menschen kann nichts verändert werden, ohne daß nicht zugleich eine entsprechende Veränderung im Heilpädagogen stattfindet.

Die Einstellungsänderung des Erziehers also soll letztlich die Verhaltensänderung des anderen Menschen bewirken: Dieses lebendige Miteinander zeigt heilende Wirkung für beide.

3.2.2 Grundsätze, die für alle Übungen gelten

- Wichtigste Voraussetzung ist Ihre eigene Auseinandersetzung mit MARIA MONTESSORI, ihrer pädagogischen Idee und ihrem Material.
- Der Heilpädagoge sollte sich selbst lange und gründlich durch eigene Übung mit dem Material auf die Anleitung zum rechten Gebrauch und Einsatz des MONTESSORI-Materials vorbereiten.
- MONTESSORI-Material, das ich dem Kind in einer HPÜ anbiete, muß eingeführt werden.
- Die Einführung erfolgt erst dann, wenn das Kind schon erste Erfahrungen mit dem Material gemacht hat.

- Vor der Einführung sollte das Kind schon mit dem Material experimentiert haben. Deshalb empfiehlt es sich, das Kind in einer vorherigen HPÜ mit dem Material bekannt zu machen.
- Durch Beobachtung weiß der Heilpädagoge, wann der richtige Zeitpunkt für eine Einführung des Materials gekommen ist.
- Voraussetzungen für jede Einführung sind ein guter Kontakt zum Kind, eine entspannte, frohe Atmosphäre und die Bereitschaft des Kindes zu lernen.
- Es ist wichtig, daß Sie mit dem Kind gemeinsam das betreffende Material Teil um Teil zum Tisch oder Arbeitsteppich holen. So lernt das Kind den Platz des Materials kennen und kann es nach Gebrauch dorthin zurückbringen.
- Außer dem Material liegt nichts auf dem Tisch oder auf dem Teppich.
- Während der Einführung sitzt der Heilpädagoge rechts neben dem Kind, bei linkshändigen Kindern umgekehrt.
- Die Darbietung des Materials muß klar und eindeutig sein , präzise und übersichtlich.
- Langsame und deutliche Bewegungen sind wichtig.
- Dabei wird so wenig wie möglich gesprochen.
- Wichtig ist der ungehinderte Kontakt zwischen Kind und Material.
- Der Heilpädagoge zeigt dem Kind eine Materialübung so weit, wie es sie versteht, danach übernimmt das Kind die Tätigkeit, und der Heilpädagoge schaut ihm dabei zu.
- Wenn das Kind noch nicht richtig mit dem Material umgeht, so wie Sie es ihm zuvor gezeigt haben, sollten Sie das Kind nicht auf die Fehler aufmerksam machen. Es darf auf gar keinen Fall entmutigt werden. Wiederholen Sie die Übung zu einem anderen, günstigeren Zeitpunkt.
- Nach der Einführung arbeitet das Kind mit dem Material selbständig weiter.
- Es sollte nie gezwungen werden, eine Übung zu wiederholen.
- Ermutigen Sie die Kinder, die Ihre Anregung brauchen.
- Wenn das Kind mit dem Material sicher umgeht, folgen weitere Übungen, Variationen und Kombinationen im Sinne des Materials.
- Die Einführung und Darbietung des Materials ist für *ein* Kind gedacht.
- In der Einzelsituation können Sie im persönlichen Kontakt mit dem Kind sein individuelles Entwicklungsalter und die Intensität der Aufmerksamkeit besser beachten.
- Weiterführende Material-Übungen können Sie auch mehreren Kindern gleichzeitig anbieten. Deshalb finden Sie in den folgenden Übungsvorschlägen Hinweise und Anregungen für Spiele in der Gruppe.
- Erst nach längerem intensivem Üben und sicherem Umgang mit dem neueingeführten Material werden die Namen in Form der „Dreistufenlektion“ angeboten.

3.2.3 Wortlektion

Um den Sprachschatz des Kindes zu erweitern, werden die gewonnenen Erfahrungen und Begriffe mit Namen belegt. Das geschieht durch die „Dreistufenlektion".

1. Stufe: (Definition)

Der Heilpädagoge zeigt auf den Gegenstand und nennt langsam und deutlich dessen Namen oder die zu erlernende Bezeichnung. Sache, Begriff und Benennung werden fest miteinander verbunden:
„Das ist . . .!"

2. Stufe: (Reproduktion)

Der Heilpädagoge nennt den Namen des Gegenstandes und das Kind holt, zeigt oder gibt ihn:
„Hol mir . . .!" Oder:
„Gib mir . . .!"

Diese Stufe muß intensiv geübt, gefestigt und durch abwechslungsreiche Spiele für das Kind interessant gestaltet werden. Nach dem Üben am Arbeitsplatz können kleine Aufträge oder Versteckspiele mit dem Material verbunden werden. Der Wechsel der Aufträge macht dem Kind Spaß, z. B. die Dinge „weit" wegzutragen oder zu verstecken. So wird auch der Bewegungsdrang des Kindes berücksichtigt. Begriff und Gegenstand werden gefestigt und in den passiven Wortschatz aufgenommen.

3. Stufe: (Abstraktion)

Der Heilpädagoge zeigt auf den Gegenstand und fragt nach dem Namen oder dem Begriff.
„Was ist das?" Oder:
„Wie ist das?"

Das Kind antwortet mit der Benennung. Der passive Wortschatz wird dadurch zum aktiven. Nun besitzt das Kind Namen und Gegenstand. Diese Stufe zeigt, ob das Kind den neu gelernten Begriff anwenden kann und in seinen aktiven Wortschatz aufgenommen hat.

3.2.4 Beispiel einer Wortlektion

Begriffe: kurz – lang

1. Stufe:

Von den 10 Roten Stangen werden die längste und die kürzeste ausgewählt. Die restlichen Stangen liegen auf ihrem Platz, damit das Kind seine volle Aufmerksamkeit nur auf die beiden Stangen richten kann. Der Heilpädagoge nimmt die kurze Stange, streicht mit der Hand darüber und sagt: „Von diesen beiden Stangen ist diese *kurz*!“ Dann nimmt er die lange Stange, fährt mit der Hand über die ganze Länge und sagt: „Von diesen beiden Stangen ist diese *lang*!“ Von den anderen Stangen werden weitere Paare zur Verdeutlichung der Begriffe lang und kurz gebildet.

2. Stufe:

Begriff und Gegenstand sind in Beziehung zueinander gebracht worden. Nun bittet der Heilpädagoge das Kind: „Gib mir von diesen beiden Stangen die Stange, die *kurz* ist!“ Das Kind reicht die entsprechende Stange. Dann werden beide Stangen erneut zusammengelegt, und das Kind wird wieder aufgefordert: „Gib mir von den beiden Stangen die Stange, die *lang* ist!“

Weitere Übungen zu dieser Stufe: „Leg die *kurze* Stange auf den Tisch! Die *lange* Stange lege vor den Schrank! Bring die *lange* Stange in den Nebenraum! Die *kurze* Stange lege in den Korb!“

Verschiedene „Lang-Kurz“-Kombinationen der Stangen dabei verwenden. Ist die Zuordnung der Begriffe sicher, kann zur 3. Stufe übergegangen werden.

3. Stufe:

Eine lange und eine kurze Stange liegen auf dem Teppich. Der Heilpädagoge nimmt eine kurze Stange und fragt das Kind: „Wie ist diese Stange?“ Das Kind antwortet: *Kurz!*“

Der Heilpädagoge fragt weiter, indem er die nächste Stange dem Kind zeigt: „Wie ist diese Stange?“ Das Kind antwortet: *Lang!*“

Längste – kürzeste. Die Roten Stangen liegen in der Ordnung von kurz bis lang. Die beiden äußeren in einer Reihe nehmen immer eine besondere Stellung ein. Der Heilpädagoge zeigt auf die kürzeste Stange und sagt: „Von diesen Stangen hier ist diese die *kürzeste!*“ Er zeigt auf die längste und sagt: „Dieses ist die *längste!*“ Anschließend werden andere Längenreihen gebildet, mit den Begriffen belegt und durch die Dreistufenlektion gefestigt.

Länger als – kürzer als. Bei dieser Wortlektion kommt es auf die Beziehung eines Gegenstandes innerhalb einer Reihe an. Die Roten Stangen liegen in der Reihenbildung von kurz bis lang. Der Heilpädagoge zeigt auf die vierte Stange und bringt sie in Beziehung zu den anderen, indem er sagt: „Diese Stange ist *kürzer als* diese (dabei zeigt er auf die Stangen fünf bis zehn), aber *länger als* jene (er zeigt auf die Stangen drei bis eins)!“

Festigung der Begriffe durch die Dreistufenlektion.

Lang – länger – am längsten

kurz – kürzer – am kürzesten

Von den zehn Roten Stangen wählt der Heilpädagoge die drei längsten aus und legt sie auf den Arbeitsteppich.

Abseits liegt zum Vergleich eine vierte, deutlich kürzere Stange. Der Heilpädagoge zeigt auf eine der drei Stangen und sagt: „Diese Stange ist *lang*!“ Dann zeigt er auf die nächstlängere Stange und sagt: „Diese Stange ist *länger*!“ Zum Schluß zeigt er auf die längste Stange und sagt: „Von diesen drei Stangen ist diese *am längsten*!“

In gleicher Weise werden die Begriffe kurz – kürzer – am kürzesten erarbeitet.

Hierzu liegen die drei kürzesten Stangen auf dem Arbeitsteppich. Zum Vergleich liegt eine vierte, deutlich längere Stange.

Der Heilpädagoge faßt die kurze Stange und sagt: „Diese Stange ist *kurz*!“

Dann zeigt er auf die nächste und sagt: „Diese ist *kürzer*!“ Zuletzt weist er auf die kürzeste und sagt: „Von diesen drei Stangen ist diese *am kürzesten*!“ Es folgt die Dreistufenlektion.

2. Stufe:

„Gib mir die Stange, die *kurz* ist!“ „Gib mir die Stange, die *kürzer* als diese ist!“ (Stange anfassen) „Gib mir die Stange, die am *kürzesten* ist!“

3. Stufe:

Die jeweilige Stange anfassen und das Kind fragen: „Wie ist diese Stange?“

3.3 Übungsvorschläge mit MONTESSORI-Material zur Förderung des entwicklungsgestörten und behinderten Kindes

3.3.1 Übungen des täglichen Lebens

Zu den Übungen des täglichen Lebens gehören:

- Pflege der Person, z.B. Ausziehen, Anziehen, (Hände-)waschen, Zähne putzen, Kämmen,
- Pflege der Umgebung, z.B. Putzen, Waschen, Bügeln, Gartenarbeit,
- Entwicklung der sozialen Beziehungen, z.B. Grüßen, Anbieten, Annehmen, Danken, Sich-entschuldigen,
- Analyse und Kontrolle der Bewegungen, z.B. Laufen, Gehen, Hüpfen, Kriechen, Klettern; Stilleübungen

Aus der Fülle praktischer Übungen des täglichen Lebens werden nur wenige Hinweise und Anregungen gegeben, alle anderen ebenso notwendigen dürfen nicht außer acht gelassen werden, z. B. das Tragen eines Stuhles, das Öffnen und Schließen der Schubladen und Türen, das Fegen des Fußbodens, das Staubputzen, das Abwischen eines Tisches.

3.3.1.1 Pflege der Person

Verschlußrahmen

Material:

Holzrahmen zum Öffnen und Schließen
verschiedener Verschlüsse, z. B.:
Rahmen mit kleinen Knöpfen
Rahmen mit großen Knöpfen
Rahmen zum Schleifenbinden
Rahmen zum Schnüren mit Löchern
Rahmen zum Schnüren mit Haken
Rahmen mit Haken und Ösen
Rahmen mit Druckknöpfen
Rahmen mit Reißverschluß
Rahmen mit Schnalle

Lernziele:

Das Kind soll einfache Handlungen und allmählich komplexere Abläufe nachahmen, möglichst bis zur Selbständigkeit beim Aus- und Anziehen.

Es soll verschiedene Verschlüsse öffnen und schließen, z.B. Knöpfe, Haken und Ösen, Reißverschlüsse

Es soll Schleifen binden und lösen.

Rahmen mit Schleifen

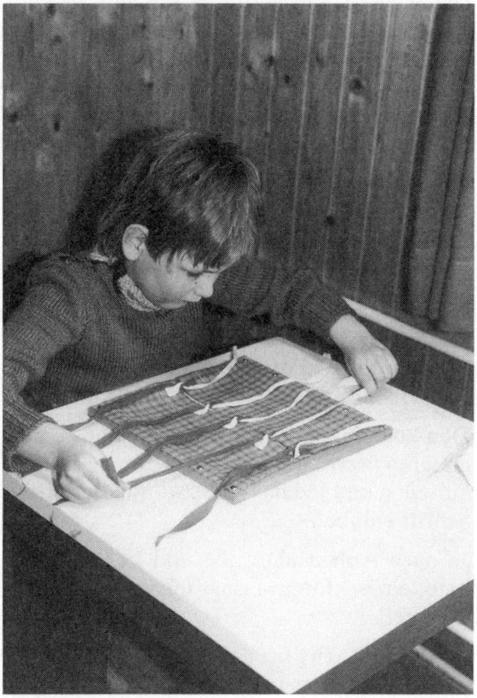

Abb. 1

Einführung und Darbietung:

Der Schleifenrahmen liegt auf dem Arbeitsplatz. Die Schleifenbänder der beiden Seiten sind verschiedenfarbig, um dem Kind die Handhabung zu erleichtern.

Der Heilpädagoge löst von unten nach oben alle Schleifen, indem er mit beiden Händen die Schleifenenden anfaßt und nach außen aufzieht. So werden die Knoten sichtbar. Daumen und Zeigefinger der rechten Hand halten den Stoff unterhalb des Knotens fest, und mit dem Zeigefinger der linken Hand wird der Knoten gelöst.

Danach werden beide Stoffteile nach außen geklappt und die Bänder an den Seiten geordnet. Mit beiden Händen wird nun jede Stoffhälfte an den Ecken angefaßt und zur Mitte gelegt. Die Bänder werden geordnet. Rechts liegen die weißen Bänder und links die roten.

Der Heilpädagoge faßt mit der linken Hand das weiße Band und legt es über das rote. Dann holt er mit der rechten Hand das rote Band und legt es zur rechten Seite. Das gleiche geschieht mit allen anderen Bändern.

Um den Knoten zu binden, hält der Heilpädagoge mit der linken Hand das weiße Band und schiebt mit der rechten Hand das rote Band unter das weiße. Indem er es herauszieht, entsteht der Knoten.

Schleife:

Das weiße Band wird zur Schlaufe gelegt und dicht am Knoten mit Daumen und Zeigefinger gefaßt. Mit der rechten Hand wird das rote Band von vorne nach hinten um die Schlaufe gelegt. Durch die entstehende Öffnung über dem Knoten wird es als Schlaufe durchgesteckt. Mit der rechten Hand wird diese Schlaufe so weit herausgezogen, bis sie die Größe der anderen Schlaufe erreicht hat. Jede Hand faßt nun eine Schlaufe und reguliert die inzwischen fertige Schleife.

Diese Einführung gilt für rechtshändige Kinder, für linkshändige Kinder geschieht sie in entsprechender Umkehrung.

Hinweise für den Heilpädagogen:

Es empfiehlt sich, die einzelnen Handgriffe im Zeitlupentempo vorzumachen. Sie sollten – in kleine Lernschritte aufgeteilt – so lange wiederholt werden, bis das Kind sie be-greift und nachzuahmen beginnt. Ihre Ermutigung – zu Anfang eventuell auch Ihre Handführung – verhilft dem Kind zu einem selbständigen Tun.

Den komplexen Vorgang des Knotens und Bindens, des Öffnens und Schließens aller anderen Verschlüsse können Sie in mehrere aufeinanderfolgende Übungseinheiten aufteilen und jeden Tag, bzw. in jeder HPÜ, einen weiteren zum Erfolg notwendigen Schritt einüben.

Je nach Auffassungsgabe und Lernfähigkeit werden die Schwierigkeitsgrade innerhalb eines stufenweisen folgerichtigen Vorgehens langsam gesteigert. Dazu ein Beispiel:

- Als Vorübung für das Auf- und Zuknöpfen werden Muggelsteine oder Knöpfe aus- und eingeräumt.
- In den Deckel eines leeren Schuhkartons oder einer leeren Blechbüchse schneiden Sie einen Schlitz, eine Öffnung, in die das Kind große Muggelsteine oder Knöpfe hineinsteckt.
- Als nächsten Schritt werden quadratische Papptafeln in Handtellergröße mit einem Schlitz versehen, durch den das Kind runde Pappscheiben schiebt.
- Das Auf- und Zuknöpfen von einem einzigen Knopfloch mit entsprechend großem Knopf übt das Kind an einem von Ihnen konstruierten Verschlußrahmen.
- Die Übertragung erfolgt durch Auf- und Zuknöpfen einfacher Knopfverschlüsse, z.B. an einer Serviettentasche
- Das Auf- und Zuknöpfen der Kleidungsstücke wird im Rollenspiel mit Puppen und Teddybären eingeübt.

Fehlerkontrolle:

Das Kind erkennt Fehler beim Öffnen und Schließen, beim Schleifenbinden und Schnüren daran, daß die Verschlußteile nicht richtig zusammenpassen, das Binden der Schleife nicht gelingt und die Schnürung ungleichmäßig ist. Knoten und Schleife lösen sich von selbst auf.

Übungsvorschläge:

- Wenn das Kind die Schleife am Übungsrahmen binden kann, soll es sie am Schuh probieren. Dazu steht der Schuh zunächst noch auf dem Arbeitstisch. Später kann das Kind den Knoten und die Schleife am angezogenen Schuh üben.
- Auf einem Pappkarton werden verschiedenartige Bänder befestigt, z. B. Geschenkband, Leinenband, Wolle, Kordel. Das Kind bindet sie zu Schleifen.
- Teddybären und Puppen werden mit Schleifen geschmückt.

Spiele in der Gruppe:

Vor den Kindern steht eine leere bemalte oder beklebte Waschmitteltonne mit einem Schlitz im Deckel, durch den verschiedenfarbige handtellergroße Pappscheiben gesteckt werden sollen. Auf ein akustisches Signal hin sollen die Kinder eine Scheibe einstecken. Das Einstecken kann auch als Regelspiel angeboten werden.

- Vor jedes Kind stellt der Heilpädagoge eine kleine Dose, z. B. eine Kaffeebüchse, deren Deckel mit einer Öffnung versehen ist; dazu erhält jedes Kind die gleiche Anzahl Knöpfe, Muggelsteine oder Chips. Die Kinder sollen auf Aufforderung hin das jeweils vorgezeigte und benannte Material, Knopf, Muggelstein, Chip, durch den Schlitz stecken.
- Wettspiel: Wer ist zuerst mit dem Einstecken aller seiner Knöpfe, Muggelsteine, Chips fertig? Hat jedes Kind von allen dreien die gleiche Anzahl in seiner Büchse?
- Rollenspiel: Die Puppenkinder werden zu Bett gebracht (aufgeweckt, gewaschen und angezogen). Beim An- und Ausziehen der Puppen das Auf- und Zuknöpfen einfacher Puppenkleider üben.

Wortlektion:

Dem Kind die Bezeichnung des jeweiligen Verschlusses nennen: „Das ist . . .“

Wenn Name und Gegenstand miteinander verbunden werden, folgt die Kontrollübung: „Hole (bringe) mir bitte die Jacke mit dem Reißverschluß, . . . die Sicherheitsnadel . . .“

Dem Kind einen Verschluß zeigen: „Was ist das?“ Wenn das Kind sprechen kann, sollte es die Bezeichnung des jeweiligen Verschlusses nennen können.

Anwendung im täglichen Leben:

Dem Kind wird die Möglichkeit gegeben, sich zunehmend selbständiger an- und auszuziehen.

Es bindet Schleifen an der eigenen Kleidung oder an der Kleidung anderer Kinder.

Es schließt und öffnet situationsgerecht verschiedene Verschlüsse, z. B. beim Anziehen der Jacke, Mütze, Regenmantel vor und nach dem Spaziergang, vor und nach der HPÜ.

Das Kind packt Geschenke ein und verschnürt die Päckchen mit Bändchen und Schleifen.

Schuhe putzen

Material:

Wachstuchdecke, Schuhe, Dreckbürste, Einreibebürste, farblose Schuhcreme, Lappen oder Bürste zum Polieren.

Lernziele:

Das Kind soll seine Schuhe selbst reinigen können und sie mit Freude pflegen:

Es soll den Reinigungsvorgang in den einzelnen erforderlichen Arbeitsschritten erleben – erkennen – nachahmen.

Es soll alle Arbeitsvorgänge richtig hintereinander ausführen.

Abb. 2

Einführung und Darbietung:

Die Wachstuchdecke liegt auf dem Fußboden, und die benötigten Materialien stehen darauf. Der Heilpädagoge nimmt die Schuhe und bürstet, falls erforderlich, über einem Müllbehälter oder einer alten Zeitung, den groben Schmutz mit einer Dreckbürste ab. Dann nimmt er die Schuhcreme, schraubt die Dose auf und legt den Deckel daneben. Zum Eincremen wird der Schuh auf die linke Hand gesteckt. Mit der Einreibebürste holt er sich etwas Schuhcreme aus der Dose und verstreicht diese auf dem Schuh. Durch genaues Hinschauen und Nachschauen lenkt er die Aufmerksamkeit des Kindes auf die eingewachste Fläche. Dann wird die Schuhcremedose verschlossen. Ist die Creme eingezogen, wird der Schuh mit einem Lappen oder einer Bürste blankpoliert.

Das Kind hat zugeschaut und führt nun am zweiten Schuh den gleichen Vorgang aus.

Die Übung ist beendet, wenn alle Materialien weggeräumt sind.

Abb. 3

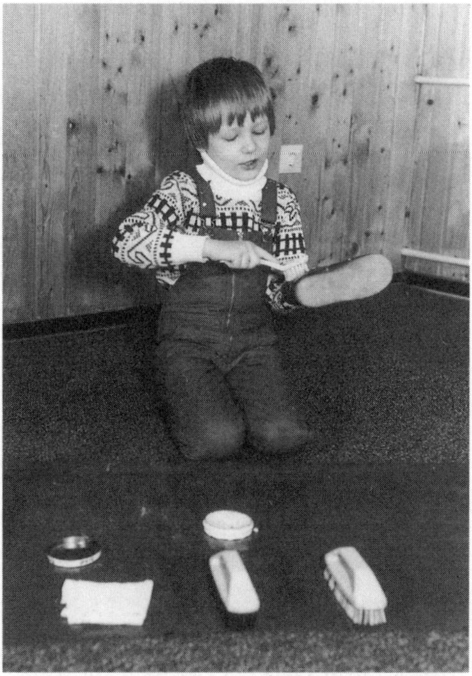

Hinweise für den Heilpädagogen:

Teilen Sie den Arbeitsvorgang, entsprechend der Aufnahmefähigkeit des Kindes, in kleine, überschaubare Schritte auf. Machen Sie das Kind nacheinander mit den einzelnen Vorgängen vertraut und üben Sie mit ihm einen Schritt nach dem anderen. Gehen Sie erst zum nächsten Schritt über, wenn das Kind einen Vorgang ganz beherrscht.

Stärken Sie das Selbstvertrauen des Kindes und wecken Sie in ihm die Freude, seine eigenen Sachen ohne Hilfe der Erwachsenen zu pflegen.

Fehlerkontrolle:

Die Schuhe sind nicht sauber oder glänzen nicht.

Übungsvorschläge:

- Erst wenn das Kind seine Schuhe putzen kann, werden weitere Materialien dazugenommen, z. B. Farbcreme.
- Das Kind putzt auch anderen die Schuhe, z. B. für seine Geschwister oder für andere Familienmitglieder.

Wortlektion:

Wortschatzerweiterung: Namen der Gegenstände, mit denen das Kind hantiert.

Anwendung im täglichen Leben:

Das Kind putzt seine Schuhe selbst.

Es bemerkt, wenn das Schuheputzen nötig wird.

Das Kind hilft jüngeren Geschwistern beim Schuheputzen.

Es übernimmt in der Familie die Aufgabe des Schuheputzens und tritt evtl. für jemanden ein, der diese Aufgabe noch nicht erfüllen kann.

Hände waschen

Material:

Seife, der Hand des Kindes entsprechend. Nagelbürste mit nicht zu harten Borsten, helles kleines Handtuch, duftende Handcreme, Handwaschbecken in der Küche oder im Badezimmer.

Lernziele:

Das Kind soll die Hände waschen und pflegen, d. h. Wasser, Seife, Nagelbürste, Handtuch und Handcreme sinnvoll gebrauchen.

Einführung und Darbietung:

Die Dinge, die zum Händewaschen benötigt werden, stehen griffbereit an dem dafür vorgesehenen Platz oder werden vor dem Waschvorgang mit dem Kind geholt und zurechtgelegt.

Das Kind stellt sich, wenn es nicht groß genug ist, auf einen Hocker oder Stuhl vor das Waschbecken. Der Heilpädagoge rollt ihm die Ärmel hoch, damit Pullover oder Bluse nicht naß werden. Dann wird der Stöpsel im Waschbecken eingesteckt und dieses mit lauwarmem Wasser gefüllt. Das Kind taucht jetzt seine Hände ins Wasser, nimmt sie wieder heraus, und der Heilpädagoge legt Seife in die nassen Hände. Dabei umschließt er beide Hände des Kindes und zeigt ihm, wie durch Reiben der Seife zwischen beiden Handflächen Schaum entsteht. Anschließend wird die Seife an ihren Platz zurückgelegt. Mit dem Seifenschaum werden nun die Innenflächen der Hände, der Handrücken und jeder Finger von oben nach unten gründlich gereinigt.

Falls es erforderlich ist, wird die Nagelbürste hinzugenommen und dem Kind der Gebrauch gezeigt. Danach werden die Hände im Wasser abgespült. Der Stöpsel wird herausgezogen, damit das Wasser ablaufen kann. Mit dem Handtuch wird nun jeder einzelne Finger, dann die ganze Hand abgetrocknet. Das Handtuch wird zurückgehängt und die Handcremedose aufgeschraubt. Mit einem Finger wird etwas Handcreme entnommen, in die Innenfläche der Hand gegeben und mit kreisender Bewegung auch auf dem Handrücken in die Haut eingerieben.

Hinweise für den Heilpädagogen:

Es empfiehlt sich, das Kind vor dem Händewaschen mit den notwendigen Utensilien vertraut zu machen. Zeigen und benennen Sie die noch trockene Seife, die Nagelbürste, das Handtuch und die Handcreme. Legen Sie die Waschutensilien nacheinander in die Hände des Kindes. Machen Sie dem Kind die einzelnen Handgriffe der Reihe nach vor und geben Sie ihm zunächst Hilfestellung und genügend Zeit zum Üben.

Es ist wichtig, dafür zu sorgen, daß sich das Kind dabei wohl fühlt! Ermuntern und ermutigen Sie das Kind so lange, bis es „eines Tages" die Hände alleine waschen kann.

Fehlerkontrolle:

Beim Händewaschen erkennt das Kind Fehler an den unsauberen Händen und/oder am schmutzigen Handtuch.

Übungsvorschläge:

- Die Puppe vor dem Schlafengehen baden und dabei den Gebrauch des Waschlappens einführen: Dem Kind zeigen, wie man das Gesicht (ohne Seife), Arme, Beine und den Körper nacheinander wäscht. Die einzelnen Handgriffe in der richtigen Reihenfolge zeigen, erklären und vom Kind nachahmen lassen.
- Den Gebrauch des Waschlappens vor dem Schlafengehen mit dem Kind als „situatives Lebenslernen" (DEISSLER) am Waschbecken oder in der Badewanne einüben.
- Das jeweilige Händewaschen nach verrichteter Arbeit kann in der Kindergruppe durchgeführt werden, d. h. die Kinder zeigen sich gegenseitig, wie die Hände richtig gewaschen werden und lernen miteinander.

Wortlektion:

Die Namen der neueingeführten Gegenstände werden dem Kind im Umgang mit ihnen vermittelt. In einer Übungszeit sollten nicht zu viele neue Begriffe eingeführt werden, weil sie das Kind verwirren könnten. Bei Aufnahmefähigkeit einen neuen Begriff anbieten, ihn in den nachfolgenden Übungsstunden wieder aufgreifen und nach und nach durch andere erweitern und ergänzen. Das gemeinsame Tun wird verbal begleitet, dabei nicht zuviel und nicht zuwenig sprechen.

Anwendung im täglichen Leben:

Das Kind wäscht sich vor dem Essen zunehmend selbständiger die Hände.

Es erkennt mit der Zeit selbst, wann es notwendig ist, die Hände zu waschen, z. B. nach dem Schuheputzen, nach Haus- und Gartenarbeit, nach dem Hantieren mit Ton und Farben.

Bei der täglich sich wiederholenden Hygiene zur Pflege der eigenen Person beteiligt sich das Kind zunehmend selbständiger.

3.3.1.2 Pflege der Umgebung

Tisch decken

Material:

Dessertteller, Untertasse, Tasse, Messer, Serviette, Platzdeckchen, Tischschmuck, z. B. Blumen und eine Kerze, die auf einem Tablett bereitgestellt sind.

Lernziele:

Das Kind soll mit den Dingen, die täglich gebraucht werden, richtig umgehen und sie zweckmäßig gebrauchen, z. B. Geschirr, Besteck, Serviette u. a. m.

Es soll auch, im Rahmen des Möglichen, an den täglichen Arbeiten im Haushalt teilnehmen und sie selbständig ausführen, z. B. das Tischdecken.

Es soll im Hantieren mit den Gegenständen sicherer werden und seine Bewegungen immer besser koordinieren.

Einführung und Darbietung:

Gemeinsam mit dem Kind werden die Gegenstände zum Tischdecken aus dem Schrank geholt. Der Heilpädagoge legt das Platzdeckchen auf den Tisch. Dann nimmt er mit deutlich sichtbaren Bewegungen den Dessertteller, faßt ihn mit beiden Händen und stellt ihn an den Tischrand auf das Platzdeckchen. In gleicher Weise faßt er mit beiden Händen die Untertasse, stellt sie rechts neben den Dessertteller, greift mit den Fingern der rechten Hand den Henkel der Tasse und stellt diese auf die Untertasse.

Die Serviette legt er auf den Dessertteller, das Messer zwischen Dessertteller und Untertasse. Zum Schluß stellt er auf die Mitte des Tisches die Kerze und die

Abb. 4

Blumenvase. Danach räumt der Heilpädagoge das Gedeck wieder ab und bittet nun das Kind, den Tisch zu decken.

Hinweise für den Heilpädagogen:

Am besten beginnen Sie, je nach Fähigkeit des Kindes, mit nur wenigen Teilen. Zeigen Sie dem Kind in anschaulicher, einprägsamer Weise, wie man diese auf den Tisch stellt (Anordnung). Es empfiehlt sich, ein rutschfestes Platzdeckchen zu nehmen. Das Frühstücksgeschirr sollte zwar nicht zu kostbar, aber aus Ton oder Porzellan und farb- und formschön sein. Um dem Kind zu Beginn der Übung die Anordnung des Geschirrs zu erleichtern, können Schablonen angefertigt werden, in die Tasse mit Untertasse und Dessertteller genau hineinpassen.

Fehlerkontrolle:

Beim Tischdecken:

Mit Hilfe des Erwachsenen erkennt das Kind Fehler beim Tischdecken am fehlenden Geschirr. An einem unvollständig gedeckten Tisch kann man nicht essen!

Beim Tischabräumen:

Es erkennt Fehler beim Tischabräumen am stehengebliebenen Geschirr oder auch an zurückgebliebenen Speiseresten.

Beim Geschirrspülen und beim Abtrocknen:

Es erkennt Fehler an zerbrochenem oder auch an unsauberem Geschirr, an verspritztem Wasser, an einem schmutzigen Trockentuch.

Übungsvorschläge:

Dem Kind das Decken des Frühstückstisches zeigen:

- An jeden Platz ein Platzdeckchen legen,
- das Besteck auflegen und nacheinander benennen: „Das ist eine Gabel, . . . ein Messer, . . . ein Eierlöffel, . . .“
- Zeigen, wohin jedes Teil gehört,
- an jeden Platz eine Serviette legen,
- erst wenn das Kind die Handgriffe selbständig ausführt, nacheinander zeigen, wohin die Teller, Tassen, Untertassen und Eierbecher gestellt werden,
- den Kaffeelöffel neben die Tasse auf die Untertasse legen,
- Brot, Butter, Marmelade auf den Tisch und Eier in die Eierbecher stellen.

Dem Kind zeigen, wie man einen Frühstückstisch abräumt:

- Zuerst das Besteck – Löffel, Gabel, Messer, Eierlöffel – nacheinander in einen Besteckkorb einsammeln,
- Teller zusammenstellen, zuerst die großen, dann die kleinen,

- Tassen und Eierbecher auf ein Tablett stellen und nacheinander das schmutzige Geschirr in die Küche tragen,
- dem Kind den Platz zeigen, wo das schmutzige Geschirr hingestellt und später abgewaschen wird,
- Brot, Butter, Marmelade und andere Frühstückszutaten an den dafür bestimmten Platz zurücktragen.

Dem Kind zeigen, wie man das Geschirr spült:
- Dem Kind und sich selbst eine Schürze umbinden,
- Spülwasser in eine Plastikschüssel oder in das vorhandene Spülbecken füllen,
- Spülmittel hinzugeben,
- einen Teller ins Spülwasser geben und mit einer Spülbürste, einem Schwamm oder einem Spültuch reinigen,
- in einem zweiten Becken mit klarem warmem Wasser den Teller nachspülen,
- den gereinigten Teller auf das Abtropfgestell stellen,
- sämtliches Geschirr und Besteck in der gleichen Weise reinigen,
- Spülwasser ausschütten und die Spülschüssel, Spülbürste, Schwamm oder Spültuch reinigen und alles zurück an den richtigen Platz räumen,
- dem Kind zeigen, wie man das Geschirr abtrocknet, d. h. wie Trockentuch und Geschirr dabei gehalten werden,
- alle Teile an den dafür bestimmten Platz zurückstellen.
- Mit Puppengeschirr den Kindertisch decken für ein Kinder-Puppen-Fest,
- nach dem Fest den Tisch abräumen und das Puppengeschirr in der oben beschriebenen Weise spülen.
- Dem Kind nach und nach zeigen, wie man zum Frühstück, zum Mittagessen, zum Kaffeetrinken, zum Abendbrotessen den Tisch deckt,
- dem Kind zeigen, wie man bei Familienfesten und an Feiertagen – auch wenn Besuch kommt – einen Tisch deckt und schmückt.

Spiele in der Gruppe:
- Mit den Kindern Plätzchen oder Kuchen backen oder Pudding kochen. Jeden einzelnen Arbeitsgang zeigen und erklären, dann die einzelnen Aufgaben verteilen.
- Ein Kinderfest ankündigen. Mit den Kindern den Tisch decken . . . , aufräumen, . . . , das Geschirr spülen.
- Mit den Kindern in der Puppenstube, im Kinderzimmer oder in der Küche Hausputz halten. Nur Aufgaben stellen, bei denen die notwendigen Schritte für die Kinder überschaubar sind.

– Mit den Kindern einen Waschtag veranstalten. Die Puppenwäsche einweichen, waschen, spülen, aufhängen, nach dem Trocknen bügeln und dann an den dafür bestimmten Platz räumen.

Wortlektion:

Jeder Gegenstand für die Arbeit im Haushalt hat einen Namen: „Das ist . . .“

Der Heilpädagoge benennt den Gegenstand (Definitions-Stufe).

Um zu erfahren, ob das Kind Namen und Gegenstand richtig miteinander verbindet und einfache Anweisungen im lebenspraktischen Bereich ausführen kann, folgt eine Kontrollübung: „Gib mir bitte . . .“, „hol mir bitte . . .“, „bring mir bitte . . .“ (Reproduktions-Stufe).

Auf den jeweiligen Haushaltsgegenstand zeigen: „Was ist das?“ (Abstraktions-Stufe).

Kann das Kind richtig sprechen, sollte es jetzt den richtigen Namen nennen und spezifisch mit dem Gegenstand hantieren können.

Anwendung im täglichen Leben:

Das Kind übernimmt zu den jeweiligen Mahlzeiten nach und nach immer selbständiger kleine Aufgaben: Es holt z. B. am Morgen die Butter aus dem Kühlschrank und stellt sie auf den Frühstückstisch. Zum Mittagessen legt es die Platzdeckchen und Servietten auf den Tisch. Den Abendbrottisch deckt es selbständig.

Setzen und Pflegen einer Topfpflanze

Material:

Setzlinge im Wasser, z. B. „Fleißiges Lieschen“, ein Beutel Blumenerde, zwei Blumentöpfe, zwei Tonscherben, zwei Untersetzer, eine kleine Schippe zum Umfüllen der Erde, Gießkanne mit Wasser, Zeitung als Unterlage, Schüssel und Tuch zum Tischabwischen, ein bereits gepflanztes „Fleißiges Lieschen“ als Anschauungsmaterial.

Lernziele:

Das Kind soll Aufgaben- und Verantwortungsbewußtsein für die Umgebung entwikkeln.

Es soll die einzelnen Arbeitsvorgänge beim Blumenpflanzen sinnvoll kombinieren und selbständig ausführen.

Es soll die Lebensbedingungen der Pflanzen kennenlernen.

Das Kind soll Blumen pflegen und sich daran freuen.

Einführung und Darbietung:

Das bereits eingepflanzte „Fleißige Lieschen“ steht in der Mitte des Tisches. Auf dem Arbeitsplatz des Kindes liegt das vorbereitete Material. Der Heilpädagoge nimmt den

Blumentopf und legt eine kleine Tonscherbe über das Abzugsloch des Topfes. Dann füllt er mit der Schippe etwas Erde in den Topf, nimmt mit der linken Hand das Pflänzchen und hält es in den Blumentopf hinein. Mit der rechten Hand füllt er die Erde in den Topf und drückt mit den Fingerspitzen beider Hände die frische Erde so um die Pflanze fest, daß ein Gießrand bleibt. Dann wird der Topf mit Pflanze auf einen Untersetzer gestellt und die Pflanze begossen, bis die Erde gut feucht ist. Das Kind pflanzt nun ebenfalls einen bereitgestellten Ableger ein. Nach Abschluß der Übung wird der Arbeitsplatz aufgeräumt.

Hinweise für den Heilpädagogen:

Das Kind wird gern mit Ihnen eine Gärtnerei besuchen. Sie zeigen ihm dort verschiedene Topfpflanzen. Gemeinsam werden die für das Setzen einer Topfpflanze notwendigen Dinge eingekauft, wenn sie nicht vorhanden sind.

Nach dem Einpflanzen räumen Sie gemeinsam mit dem Kind alle dazu notwendig gewesenen Hilfsmittel auf. Zeigen Sie dem Kind, wo die Gießkanne steht und wie man damit umgeht.

Fehlerkontrolle:

Das Kind erkennt Fehler beim Setzen einer Topfpflanze später am Nicht-Gedeihen der Pflanze.

Übungsvorschläge:

- Nach mehreren Wochen neue Triebe vom „Fleißigen Lieschen“ abschneiden und ins Wasser stellen.
- Nach weiteren zwei bis drei Wochen haben diese Triebe Wurzeln bekommen und können neu in die Erde gesetzt werden.

Abb. 5

- Statt Setzen einer Pflanze kann z. B. Samen gesät werden.
- Dem Kind eine weitere Topfpflanze zur Pflege übergeben.
- Dem Kind tägliches Gießen der Pflanze auftragen, z. B. nach dem Frühstück oder zu einem anderen gemeinsam vereinbarten für das Kind günstigen Tageszeitpunkt. Zu Anfang die tägliche Wassermenge in der Gießkanne durch Markierung anzeigen.

Wortlektion:

Das gemeinsame Tun wird verbal begleitet, dabei nicht zuviel oder zuwenig sprechen. Die Namen der neueingeführten Gegenstände werden dem Kind in der Dreistufenlektion gegeben.

In einer Übungszeit sollten nicht zuviele neue Begriffe eingeführt werden, weil sie das Kind verwirren könnten. Bei Aufnahmefähigkeit einen neuen Begriff anbieten, ihn in den nachfolgenden Übungsstunden wieder aufgreifen und nach und nach durch andere erweitern und ergänzen.

Anwendung im täglichen Leben:

Das Kind wird in die tägliche Blumenpflege einbezogen und allmählich selbstverantwortlich die Blumen in seinem Zimmer betreuen.

Wenn möglich, wird ein kleines Blumenbeet mit dem Kind und für das Kind im Garten angelegt.

Es kann auch, wenn kein Garten vorhanden ist, ein Blumenkasten auf dem Balkon, vor der Haustür oder auf einer Außenfensterbank sein.

In dem vorhandenen Gemüsegarten ein Kräutergärtchen anlegen.

Das Kind soll selbst entscheiden, was es pflanzen oder/und aussäen möchte.

3.3.1.3 Analyse und Kontrolle der Bewegungen

Reisschütten

Material:

Ein Tablett, Reis, zwei Schüsselchen, ein Teelöffel.

Lernziele:

Das Kind soll auf das Ein- und Ausgießen von Flüssigkeiten vorbereitet werden und den Schütt-Vorgang erleben, erkennen und nachvollziehen.

Es soll mit der Handhabung des Löffels vertraut werden.

Es soll den Löffel situationsgerecht mit Auge-Hand-Koordination gebrauchen können.

Einführung und Darbietung:

Das Tablett mit den beiden Schüsselchen steht auf dem Arbeitsplatz des Kindes. In einem Schüsselchen ist Reis, das andere ist leer. Der Heilpädagoge faßt mit der rechten Hand den Löffel, führt ihn zur Reisschüssel und füllt den Reis langsam von einer Schüssel in die andere. Ist das Gefäß leer, wird der Inhalt zurückgeschüttet, und das Kind vollzieht die Übung nach.

Abb. 6a

Hinweise für den Heilpädagogen:

Vor der Übung sollte ein Wachstuch auf den Tisch gelegt werden. Wählen Sie das Schütt-Material, das Ihnen für das Kind zum Üben am besten geeignet erscheint, z. B. Erbsen, Bohnen oder Linsen statt Reis.

Wenn das Kind noch nicht mit dem Teelöffel hantieren kann, bieten Sie ihm einen größeren Löffel an und führen Sie zu Beginn der Übung seine Hand.

Nach dem Umfüllen von Reis erfolgt das Umschütten. Wählen Sie für diese Übung Gefäße, an denen das Kind Freude hat, z. B. einen kleinen Krug oder einen Meßbecher, verschiedene Gläser oder Schälchen.

Schütten Sie den Reis aus dem Krug langsam in das Glas, bzw. von einem Schälchen ins andere. Ermuntern Sie das Kind zur Nachahmung. Es sollte so lange mit dem Material hantieren, wie es ihm in dieser Übungseinheit Freude macht.

Abb. 6b

Die Übung kann in einer nachfolgenden HPÜ erneut angeboten werden, bis das Kind ohne Ihre Hilfe den Reis aus einem Gefäß ins andere schütten kann.

Fehlerkontrolle:

Wenn das Ein- und Umfüllen mit dem Löffel und das Umschütten nicht sorgfältig genug erfolgen, wird Reis verschüttet.

Übungsvorschläge:

- Die Schüsselchen können weiter auseinander gestellt werden, um das Umfüllen zu erschweren.
- In einer nachfolgenden HPÜ weitere Gefäße zum Einfüllen anbieten, z. B. Schraubgläser, Töpfe aus der Puppenküche, auch Gefäße mit kleiner Öffnung aus dem Kaufladen.
- Das Kind füllt den Reis in die Gefäße, zuerst in weite, dann in enge Gefäße.

Wortlektion:

Gegenstände und Lebensmittel, mit denen das Kind umgeht, werden benannt.

Anwendung im täglichen Leben:

Das Kind füllt seinen Teller selbständig.

Es übernimmt die Aufgabe des Ein- und Ausschüttens in gegebenen Situationen, z. B. nach einem Einkauf. Es füllt Zucker, Mehl, Reis, Linsen o. a. m. in die dafür vorgesehenen Dosen, Gläser oder sonstige Behälter.

Wassergießen

Material:

Eine Glaskanne mit Wasser (evtl. mit gefärbtem Wasser durch ein wenig roten Saft), ein Glas mit einer großen Öffnung, ein Tuch.

Lernziele:

Das Kind soll vertraut werden mit Gegenständen des täglichen Lebens und sich mit Ihrer Hilfe in seiner Umgebung orientieren und wohlfühlen.

Es soll durch Selbsttätigkeit Selbstvertrauen entwickeln und zunehmend selbständiger die Gegenstände des täglichen Lebens gebrauchen.

Es soll durch den Umgang mit Gebrauchsgegenständen in seinen Bewegungen sicherer werden und sie besser koordinieren.

Einführung und Darbietung:

Auf einem Tablett stehen das Glas und die Kanne mit dem Wasser nebeneinander. Der Heilpädagoge nimmt die Kanne mit beiden Händen und schaut hinein, um deutlich die Aufmerksamkeit des Kindes auf den Inhalt zu lenken. Dann hält er den Ausgießer der Kanne schräg über das Glas, führt ihn näher an den Rand und läßt langsam das Wasser hineinfließen, bis das Glas gefüllt ist. Lautlos, mit kurzem Innehalten der Bewegung, stellt er die Kanne auf das Tablett zurück und wischt den hängengebliebenen Tropfen an dem Ausgießer ab.

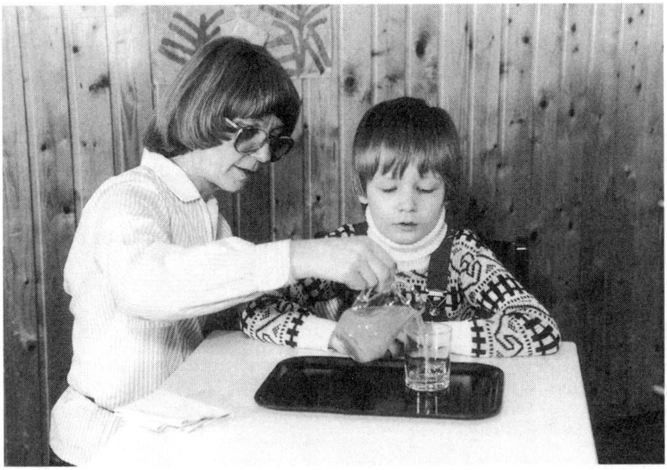

Abb. 7a

Dann nimmt er das gefüllte Glas, hebt es hoch und kippt das Wasser in die Kanne zurück. Die Tropfen am Glas werden wieder mit dem Tuch abgewischt und das Glas auf das Tablett gestellt.

Abb. 7b

Das Kind hat mit Spannung zugeschaut und führt nun die Übung selbst durch. Danach wird das Wasser weggeschüttet, die Gefäße abgetrocknet und an den zuständigen Platz zurückgebracht.

Hinweise für den Heilpädagogen:

Als Vorübung zum Wassergießen bietet sich das Reisschütten an.

Bei der ersten Gießübung empfiehlt es sich, zunächst nur wenig Wasser in die Kanne zu füllen. Bieten Sie dem Kind, wenn es notwendig ist, behutsam Ihre Hilfe an. Die Freude an dieser übenden Tätigkeit sollte nicht durch einen Mißerfolg getrübt werden. Zeigen Sie dem Kind, wie es verschüttetes Wasser aufwischen kann. Wenn Sie selbst behutsam und liebevoll mit den Dingen umgehen, wird es das Kind auch tun.

Fehlerkontrolle:

Das Kind erkennt das Wasser, das verschüttet wird.

Übungsvorschläge:

- Dem Kind werden nach den ersten Gießübungen verschiedene Gläser auf einem Tablett angeboten, z. B. Wassergläser, Weingläser, Likörgläser.
- Die Kanne enthält soviel Wasser, daß z. B. mehrere Gläser damit gefüllt werden können.
- Das Kind schüttet Wasser von einem Gefäß ins andere und vergleicht den unterschiedlichen Wasserstand.
- Dem Kind wird ein Meßglas mit markiertem Rand angeboten – später werden verschiedene Meßzylinder dazugestellt.

- Nachdem es auf das unterschiedliche Fassungsvermögen – je nach markiertem Rand und der eingefüllten Wassermenge – aufmerksam gemacht wurde, experimentiert es damit.
- In einer nachfolgenden HPÜ werden dem Kind auf einem Tablett verschieden große Flaschen zum Einfüllen des Wassers mit einem Trichter bereitgestellt. Dieser muß gesondert eingeführt werden.
- Das Kind gießt aus einer Kanne die entsprechende Wassermenge mit Hilfe des Trichters in die dafür vorgesehene Flasche.

Wortlektion:

Die Dinge, mit denen das Kind arbeitet, werden benannt.

Anwendung im täglichen Leben:

Das Kind gießt sich selbst und auch der Familie die Getränke ein.

Es übernimmt die Aufgabe des Blumengießens.

Übungen der Stille

Material:

Für diese Übung wird kein besonderes Material gebraucht.

Die Gegenstände des Raumes, die Geräusche im Haus und Geräusche von draußen können in die Übung einbezogen werden.

Lernziele:

Das Kind soll große Stille erfahren/erleben. Es soll die eigenen Geräusche und die Geräusche in der Umgebung wahrnehmen.

Das Kind soll seine Bewegungen beherrschen, d. h. durch die Stille sich zur Ruhe und Konzentration führen lassen.

Einführung und Darbietung:

Der Raum kann leicht abgedunkelt werden, damit die Aufmerksamkeit vorwiegend auf das Hören gelenkt wird. Diese Übung sollte angeboten werden, wenn das Kind schon durch andere Übungen des täglichen Lebens zu einer gewissen äußeren Ordnung gekommen ist. Sie wird nicht eingesetzt, um Unruhe und Unordnung abzustellen, sondern um dem Kind das Erleben von Stille zu vermitteln.

Das Kind sitzt bequem und entspannt auf einem Stuhl. Der Heilpädagoge fordert es auf, sich nicht mehr zu bewegen und keine Geräusche zu machen. Er wartet, bis es ganz still ist und unterstreicht die Stille, indem er leise sagt: „Die Hände sind ganz still. – Die Füße sind ganz still. – Der Körper ist ganz still.“

In dieser Stille werden auf einmal Geräusche in der Umgebung bemerkt, z. B. der zwitschernde Vogel, der Regen am Fenster, Klappern am Haus, der eigene Atem, die eigene Bewegung.

Der Heilpädagoge erspürt, wie lange dieses Stillsein ausgehalten werden kann und sagt dann in die Stille hinein den Namen des Kindes mit leiser, kaum hörbarer Stimme. Die Übung kann auch mit mehreren Kindern durchgeführt werden. Mit Spannung wartet das einzelne Kind, bis sein Name genannt wird. Leise erhebt sich das (aufgerufene) Kind und kommt möglichst geräuschlos zum Heilpädagogen.

Hinweise für den Heilpädagogen:

Bitten Sie zu Beginn der Übung das Kind, sich leise neben Sie zu setzen. Sagen Sie ihm, daß Sie beide jetzt ganz ruhig und bewegungslos dasitzen wollen, um gemeinsam eine große Stille zu erleben. Probieren Sie aus, wie leise Sie atmen und sitzen können.

Versuchen Sie, mit dem Kind herauszufinden, was für Geräusche zu hören sind und woher sie kommen.

Nach der gemeinsam erlebten großen Stille können Sie den Namen des Kindes flüstern und das Kind mit leiser Stimme auffordern, einen Auftrag innerhalb des Zimmers zu erfüllen, von dem Sie wissen, daß das Kind ihn gerne ausführt, z. B. eine Kerze anzünden. Sie können dann in dieser Zeit der besonderen Konzentration dem Kind ein Gedicht, eine Erzählung oder ein Märchen anbieten.

Fehlerkontrolle:

Laute, die das Kind von sich gibt, oder/und Geräusche, die es macht.

Übungsvorschläge für eine Gruppe:

- Die Kinder auffordern, sich bequem und ganz ruhig hinzusetzen und sich nicht zu bewegen. In die Stille hinein läßt der Heilpädagoge einen Ton oder ein Geräusch erklingen. Ein isolierter Ton wird von den Kindern ganz besonders wahrgenommen, und sie sollen erraten, um was für einen Ton oder was für ein Geräusch es sich handelt.
- Die Kinder nach einigen Minuten der Stille ganz leise beim Namen rufen, jedem einzelnen einen kleinen Auftrag erteilen und diesen so leise wie möglich ausführen lassen.
- Stilleübung, die eine besonders günstige Atmosphäre und Aufnahmebereitschaft für eine Geschichte, eine Bilderbuchbetrachtung, ein Lied oder ein Gebet schafft.
- Zum Abschluß alle Beteiligten ihren Stuhl und die gebrauchten Gegenstände geräuschlos an ihren Platz zurückstellen lassen.

Gehen auf der Linie

Material:

Ellipsenförmige Linie, die auf dem Boden aufgemalt oder hingeklebt wird. Breite ca. 3 cm, Länge ca. 4 m.

Gegenstände, die zum Tragen geeignet sind:
Sandsäckchen
Scheiblauer-Rhythmik-Material
mit gefärbtem Wasser gefülltes Glas
eine Glocke
eine Kerze
Kassettenrecorder/Kassette bzw. Plattenspieler mit ruhiger Musik ohne betonten Rhythmus. Schallplatte mit arhythmischer Musik.

Lernziele:

Das Kind soll durch Konzentration innere Ruhe erfahren.

Es soll sich des eigenen Körpers bewußt werden. Es soll Bewegung koordinieren und versuchen, Gleichgewicht zu halten.

Einführung und Darbietung:

Die Übung wird als Gruppenübung angeboten.

Um die aufgezeichnete ellipsenförmige Linie steht für jedes Kind ein Stuhl, so weit entfernt, daß diese Linie nicht mit den Füßen berührt wird. Die Gegenstände zum Tragen sind in der Nähe sichtbar auf einen Tisch gestellt.

Der Heilpädagoge wartet vor der Tür auf das Kommen der Kinder und betritt mit ihnen so leise wie möglich den Raum. Die Kinder sollten leichte Schuhe, z. B. Turnschuhe, tragen.

Jedes Kind setzt sich auf einen Stuhl.

Der Heilpädagoge wartet, bis es ganz still und die Aufmerksamkeit der Kinder auf sein Tun gerichtet ist. Er steht auf der markierten Linie und geht nun möglichst natürlich mit dem ganzen Fuß – Fußspitze und Absatz – auf der Linie.

Die Kinder verfolgen aufmerksam sein Gehen. Dann ruft der Heilpädagoge mit leiser Stimme ein Kind nach dem anderen beim Namen und bittet es, mit der Übung zu beginnen.

Leise Musik erhöht die Konzentration der Kinder. Der Heilpädagoge erkennt durch Beobachtung auftretende Schwierigkeiten der Kinder und hilft durch wenige leise Anregungen, z. B.: „Wir gebrauchen die Arme zum Balancieren, um das Gleichgewicht nicht zu verlieren“, oder: „Wir achten auf die Linie und treten mitten darauf.“

Beim Tragen der Gegenstände wird die Aufmerksamkeit sowohl auf die Füße gerichtet, die weiterhin auf die Linie gesetzt werden, als auch auf die Hand, die den Gegenstand hält.

Die Übung wird dadurch beendet, daß der Heilpädagoge die einzelnen Kinder leise auffordert, an ihrem Platz die Linie zu verlassen und sich wieder auf den eigenen Stuhl zu setzen.

Hinweise für den Heilpädagogen:

Diese Übung sollte nur Kindern angeboten werden, die in der Lage sind, den Seiltänzer- oder Fuß-vor-Fuß-Gang auszuführen und die in ihrem Verhalten eine gewisse Bereitschaft zur Stille zeigen. Die Gegenstände zum Tragen können Sie je nach Fähigkeit des Kindes aussuchen und zu Anfang evtl. das Glas mit Wasser nur halb gefüllt anbieten.

Das „Gehen auf der Linie" kann auch mit *einem* Kind geübt werden.

Fehlerkontrolle:

Das Kind geht von der Linie ab.

Beim Tragen des Wassers wird Wasser verschüttet.

Die Kerze tropft, wenn sie schief gehalten wird.

Beim Gehen über die Linie stößt das Kind ein anderes an, wenn der Abstand nicht eingehalten wird.

Übungsvorschläge:

- Die Kinder tragen in einer Hand, später in beiden Händen, rechts und links, eine kleine grüne Fahne, einen Zweig oder eine Blume in Schulterhöhe während des Gehens über die ellipsenförmige Linie.
- Die Linie kann verändert werden als Gerade, Kreis, Buchstabe, Symbol u. a. m.
- Dem Kind wird ein Sandsäckchen auf den Kopf gelegt.
- Es trägt beim Gehen eine brennende Kerze.
- Die Kinder tragen Bauelemente und fügen diese nacheinander in der Mitte der Ellipse zu einem Bauwerk zusammen.
- Die Kinder tragen Blumen und stellen sie nacheinander in eine bereitgestellte Vase.

3.3.2 Übungen mit dem Sinnesmaterial

3.3.2.1 Material zur Unterscheidung von Dimensionen

Rosa Turm

Material:

Der Rosa Turm besteht aus zehn Würfeln (Kuben), deren Kantenlänge sich von 10 cm bis auf 1 cm verringert.

Lernziele:

Das Kind soll Größenunterschiede mit dem Gesichts- und dem Tastsinn wahrnehmen.

Es soll beim Schauen, Greifen und Loslassen Auge und Hand koordinieren.

Es soll, mit gleichmäßiger Größenabstufung, horizontal und vertikal bauen sowie einfache Ordnungsstrukturen bilden.

Einführung und Darbietung:

Die Würfel liegen ungeordnet auf dem Teppich oder Arbeitsplatz des Kindes. Der Heilpädagoge nimmt den größten Würfel, umfährt ihn tastend mit beiden Händen und stellt ihn behutsam vor das Kind. Dann lenkt er die Aufmerksamkeit des Kindes auf den nächstkleineren Würfel und stellt ihn langsam und anschaulich auf den ersten. Dabei achtet er auf den Seitenabstand und die gezielte Bewegung beim Aufsetzen. So wird ein Würfel nach dem anderen zum Turm aufeinandergesetzt.

Ist der Turm fertig aufgebaut, wird Würfel für Würfel vom Heilpädagogen abgetragen. Anschließend führt das Kind die Übung durch.

Hinweise für den Heilpädagogen:

Zu Beginn empfiehlt es sich, mit nur drei oder vier Würfeln mit gut sichtbaren Größenunterschieden – je nach Fähigkeit des Kindes – zu beginnen. Die Anzahl der Würfel wird nach Bewältigung der Aufgabe erweitert.

Geben Sie einem unruhigen Kind zunächst einen Würfel in die Hände, und umschließen Sie mit Ihren Händen die Hände des Kindes.

Lassen Sie das Kind nacheinander zwei verschieden große Kuben betasten und zeigen Sie ihm, wie man sie aufeinander setzt.

Abb. 8a

Abb. 8b

Fertigen Sie Schablonen an aus Pappe oder Holz mit Vertiefungen, in die das Kind die Kuben nebeneinander einsetzen kann, der Reihe nach und in beliebiger Folge. Ermutigen Sie das Kind, den jeweils passenden Kubus zuzuordnen.

Fehlerkontrolle:

Die Schablone kann gleichzeitig als Fehlerkontrolle dienen.

Übungsvorschläge:

- Ist das Kind mit dem Bau eines Turmes vertraut, wird die Grundübung horizontal durchgeführt.
- Das Kind kann die Würfel über Eck aufeinandersetzen.
- Dem Kind zeigen, wie es nach bestimmten Ordnungsprinzipien bauen kann: 10 – 1, 9 – 2, 8 – 3 usw.

Abb. 8c

- Aus dem Turm oder der Reihe wird ein Würfel entfernt. Das Kind soll die Disharmonie herausfinden. Rollenwechsel! Mit viel Freude wird das Kind einen Würfel entfernen und den Heilpädagogen suchen lassen.
- Das Kind baut mit geschlossenen Augen einen Turm.

Spiele in der Gruppe:

- Die Würfel des Rosa Turms auf den Tisch in einen flachen Korb oder auf den Arbeitsteppich legen.
- „Wir bauen gemeinsam einen Turm, Annette beginnt mit dem größten Würfel."
- Die Kinder der Reihe nach auffordern, den zweitgrößten, drittgrößten usw. jeweils auf den vorherigen Würfel aufzusetzen.
- Die Kinder tragen den Turm auf Aufforderung ab: „Ursula, nimm den kleinsten Würfel wieder ab", usw.
- Der gemeinsame Turmbau kann mit verbundenen Augen durchgeführt werden.

Wortlektion:

Benennung der Unterschiede:

groß – klein

groß – größer – am größten

klein – kleiner – am kleinsten

kleiner als – größer als

der kleinste – der größte Würfel.

Die Begriffe werden durch die Dreistufenmethode angeboten.

1. Stufe: (Definition)

Der Heilpädagoge benennt den Gegenstand: „Das ist ein kleiner (großer . . .) Würfel".

„Das ist der kleinste (größte . . .)
Würfel."

2. Stufe: (Reproduktion)

„Gib mir einen kleinen (großen . . .)
Würfel."

„Gib mir den kleinsten (größten . . .) Würfel."

3. Stufe: (Abstraktion)

„Was ist das?" Das Kind benennt die Würfel: „Das ist ein kleiner (großer . . .); der kleinste (größte . . .) Würfel."

Anwendung im täglichen Leben:

Das Kind auf Größenabstufungen aufmerksam machen und selbst finden lassen, z. B. verschiedengroße Gebrauchsgegenstände wie Löffel, Schüsseln, Gläser ordnen.

Gläser mit Inhalt, vom vollsten bis zu dem am wenigsten gefüllten in eine Reihe stellen.

Das Kind spielt mit Einsatzbechern und Einsatzbrettern verschiedener Größen.

Mit dem Kind große und kleine Gegenstände suchen.

Alle Familienmitglieder stellen sich der Größe nach nebeneinander.

Braune Treppe

Material:
Die Braune Treppe besteht aus 10 Prismen von gleicher Länge, jedoch abnehmender Höhe und Breite. Das größte Prisma ist 20 cm lang, 10 cm hoch und 10 cm breit, das kleinste 20 cm lang, 1 cm hoch und 1 cm breit.

Lernziele:

Das Kind soll die einzelnen Prismen, vom dicksten bis zum dünnsten, mit den Längsseiten aneinander legen und einfache Ordnungsstrukturen bilden. Es soll die Begriffe dick und dünn erfassen und gleichförmige dicke und dünne Gegenstände erleben, unterscheiden und benennen. Es soll Auge und Hand koordinieren.

Einführung und Darbietung:

Die Prismen liegen ungeordnet auf dem Arbeitsplatz oder Teppich. Der Heilpädagoge umfaßt mit beiden Händen das dickste Prisma und legt es vor das Kind. Dann nimmt er das nächstdünnere und legt es mit der Längsseite dicht daneben. Langsam, anschaulich und einprägsam werden die einzelnen Prismen unter Beachtung der entsprechenden Reihenfolge zu einer Treppe zusammengefügt. Dann wird die Treppe Prisma um Prisma wieder abgebaut. Anschließend führt das Kind die Übung aus.

Hinweise für den Heilpädagogen:

Die Braune Treppe wird nach den Übungen mit dem Rosa Turm eingesetzt. Der Arbeitsteppich sollte sich farblich von dem jeweiligen Material gut abheben.

Legen Sie dem Kind die einzelnen Prismen in die Hände, damit es durch Betasten und Hantieren die unterschiedliche Dicke und Schwere erfährt.

Beginnen Sie, je nach Fähigkeit des Kindes, mit wenigen (z. B. drei) Elementen der Braunen Treppe. Machen Sie das Kind auf die Unterschiede in Höhe und Breite aufmerksam.

Benennen Sie die drei ausgewählten aufeinanderfolgenden Prismen: „Das ist eine dünne Stufe – diese Stufe ist dicker – diese Stufe ist am dicksten.“

Bereiten Sie entsprechende Schablonen vor und legen Sie die Prismen hinein.

Nehmen Sie weitere Prismen dazu, wenn das Kind die drei unterschiedlichen Stufen wahrnimmt und sie zu einer Treppe aneinanderlegen kann.

Fehlerkontrolle:

Das dünnste Prisma paßt jeweils in den Absatz zur nächsthöheren Stufe. Fehler in der vorgegebenen Ordnung der Treppe – in der entsprechenden Reihenfolge – sind so mit Auge und Hand erkennbar.

Übungsvorschläge:

- Das Kind ordnet die Prismen wie bei der Darbietung an. Das dünnste Prisma wird in den Absatz zur nächsthöheren Stufe gelegt und so der Abstand zwischen den einzelnen Stufen festgestellt.
- Mit der Hand gleitet das Kind über die Treppenstufen von oben nach unten und umgekehrt; evtl. zu Beginn mit Handführung.

- Ein Fingerspiel einsetzen. „Geht ein Männlein die Treppe hinauf . . .“, dabei mit Zeige- und Mittelfinger den Arm des Kindes hinaufsteigen; auf dem Handrücken beginnen.
- Mit einem Püppchen die einzelnen Stufen der aufgebauten Treppe hinaufsteigen und dabei den Text des Fingerspiels wiederholen: „Geht ein Männlein die Treppe hinauf . . .“

Abb. 8d

Abb. 8e

- Auf die einzelnen Stufen kleine Püppchen oder Holzfiguren, z. B. Tiere, setzen, die dem Kind die einzelnen Stufen der Treppe bewußt machen sollen.
- Dem Kind zeigen, wie die Prismen auf die quadratische Seite gestellt werden und sie zu entsprechender Reihenfolge – vom dicksten bis zum dünnsten – ordnen.
- Das Kind baut aus den Prismen, vom dicksten bis zum dünnsten, einen hohen Turm.
- Dem Kind zeigen, wie es nach bestimmten Ordnungsprinzipien bauen kann: 10–1, 9–2, 8–3 usw.
- Das Kind versucht, die Treppe mit geschlossenen Augen zu bauen.
- Dem Kind Kombinationsspiele mit dem Rosa Turm und der Braunen Treppe anbieten.

Spiele in der Gruppe:

- Die Kinder bauen gemeinsam eine Treppe. Die einzelnen Prismen werden an die Kinder verteilt. „Wer die dickste Stufe hat, kann mit dem Bau beginnen; das Kind mit der nächstdünneren Stufe baut weiter . . ."
- Die Kinder korrigieren sich gegenseitig, wenn die Abstufung unregelmäßig erfolgt.
- Nachdem die Treppe gebaut ist, werden auf die Treppenstufen die einzelnen Würfel des Rosa Turms gesetzt. Auf das dickste Prisma kommt der größte Würfel, auf das nächstdünnere Prisma der nächstkleinere Würfel usw.
- Die Kuben können auch in umgekehrter Reihenfolge auf die Prismen gesetzt werden: auf das dickste Prisma kommt der kleinste Würfel usw.
  Zum Schluß kann waagerecht eine Rote Stange darauf gelegt werden, die eine gerade Ebene deutlich macht.
- Die Kinder bauen, jedes für sich, eine Treppe aus jeweils gleichfarbigen Holzklötzchen und „besichtigen" anschließend gegenseitig ihre rote, gelbe, grüne oder blaue Treppe.

Wortlektion:

dick – dünn

dick – dicker – am dicksten

dünn – dünner – am dünnsten

das dickste – das dünnste

dicker als – dünner als

Anwendung im täglichen Leben:

Mit dem Kind Treppen steigen und auf die Abstufungen aufmerksam machen. Vor und nach der HPÜ das Treppensteigen als „situatives Lebenslernen" bewußt mit dem Kind – zunehmend selbständiger – vollziehen.

Übertragung der Begriffe dick und dünn auf Gegenstände in der Umgebung: dicke und dünne gleichförmige Gegenstände, z. B. Zeitungen, Bücher, Hefte, Stifte, Nägel, Stoffe, Papiere, Schnüre vergleichen, messen und mit dem Kind sortieren.

Rote Stangen

Material:

Das Material besteht aus zehn Roten Stangen, das sind Vierkantstäbe aus Holz von verschiedener Länge; die kürzeste Stange ist 10 cm lang, die längste Stange 100 cm. Alle Stangen sind 2,5 cm breit und hoch.

Lernziele:

Das Kind soll die Roten Stangen in regelmäßigen Abstufungen nebeneinander legen.

Es soll im Umgang mit den Roten Stangen *kurz* und *lang* erfahren.

Es soll Längenunterschiede erkennen und benennen und vorbereitet werden auf die Arbeit mit den numerischen Stangen.

Einführung und Darbietung:

Für die Arbeit mit den Roten Stangen sollten möglichst zwei Arbeitsteppiche zur Verfügung stehen. Auf einem dieser Teppiche liegen ungeordnet die Roten Stangen. Der Heilpädagoge greift die längste Stange heraus, faßt sie mit beiden Händen an den Enden, fährt mit einer Hand über die gesamte Länge der Stange, um die Länge zu verdeutlichen und legt die Stange an den oberen Rand des Teppichs. Dann nimmt er die nächstkürzere Stange, lenkt die Aufmerksamkeit des Kindes in gleicher Weise auf die Stange und legt diese so vor die erste, daß links die Stangenenden gleichmäßig abschließen. Nacheinander legt der Heilpädagoge nun alle Stangen, von der längsten bis zur kürzesten, untereinander in treppenförmiger Abstufung.

Nachdem alle Stangen wieder unregelmäßig auf den Teppich gelegt wurden, versucht das Kind, die Übung nachzumachen.

Hinweise für den Heilpädagogen:

Lassen Sie das Kind die einzelnen Stangen der Länge nach zwischen die Hände nehmen, damit es ein Gefühl für die unterschiedliche Länge bekommt.

Beginnen Sie, unter Berücksichtigung der Aufnahmefähigkeit des jeweiligen Kindes, mit nur wenigen Stangen, und erweitern Sie die Anzahl nach und nach.

Zeichnen Sie auf weiße Pappe die Konturen der Stangen in stufenförmiger Anordnung und lassen Sie das Kind die entsprechenden Stangen auflegen.

Eine Zweitausführung der Roten Stangen gibt Ihnen vermehrte Übungsmöglichkeiten für das Kind. Sie können die Stangen z. B. paarweise legen lassen, oder das Kind kann eine überschaubare, von Ihnen vorgelegte Einheit nachlegen u. a. m.

Fehlerkontrolle:

Das Kind kann mit Hilfe des Erwachsenen z. B. nachprüfen, ob die Längenzunahme oder -abnahme von einer Stange zur anderen gleich groß ist. Es nimmt dazu die kürzeste Stange und mißt den Abstand nach.

Übungsvorschläge:

- Das Kind wiederholt die Übungen in umgekehrter Reihenfolge: Es soll mit der kürzesten Stange beginnen und sie ans obere Ende des Teppichs legen (quer), darunter dann, der Länge nach, alle anderen Stangen. Auf der linken Seite müssen die Enden der Stangen gleich abschließen.
- Das Kind legt die Stangen zu einem rechteckigen Block, nachdem der Heilpädagoge damit begonnen hat: Zuerst wird die längste Stange auf den Teppich gelegt, dann wird eine beliebige andere Stange an der Längsseite angelegt. Nun soll das Kind *die* Stange suchen, mit der die zweite Stange zur Länge der ersten ergänzt werden kann. Es legt eine weitere Stange an, sucht deren Ergänzung und fährt so fort, bis die Stangen aufgebraucht sind. Eine Stange bleibt übrig.
- Das Kind soll den Block in folgender Reihenfolge legen: 10, 9 – 1, 8 – 2, 7 – 3, 6 – 4; 5 bleibt übrig.
- Das Kind legt, mit der längsten Stange beginnend, die Stangen so aufeinander, daß sie eine Mauer bilden, die an einer Seite gleichmäßig abgestuft ist.
- Das Kind soll jeweils die längste und die kürzeste Stange aneinander legen: 10 – 1, 9 – 2, 8 – 3, 7 – 4, 6 – 5.
- Der Heilpädagoge legt eine beliebige Stange, z. B. 4, auf den Teppich und das Kind soll alle längeren Stangen stufenförmig anlegen.
- Das Kind nimmt eine Stange und sucht etwas Gleichlanges. Es soll mit beiden Händen etwa die Länge einer Stange angeben, die ihm der Heilpädagoge zeigt.
- Der Heilpädagoge kann Fragen stellen: „Welche Stange ist etwa so lang wie der Tisch/Stuhl?" Im Anschluß an die Wortlektion die Länge der Stangen vergleichen lassen: „Welches ist die längste (die kürzeste) Stange? Welche von den zwei vorgezeigten Stangen ist länger (kürzer)?" u. a. m.
- Kombinationsspiele: Rote Stangen, Rosa Turm und Braune Treppe.

Spiele in der Gruppe

- Der Heilpädagoge stellt den Kindern eine gemeinsame Aufgabe: „Wir wollen die Roten Stangen der Länge nach nebeneinander legen. Hans beginnt mit der längsten (kürzesten) Stange." Die Kinder holen auf Aufforderung nacheinander die entsprechende Stange aus dem bereitgestellten Korb und legen ihre Stange an die vorhergehende längere oder kürzere an.
- Die Kinder messen sich gegenseitig und vergleichen ihre Größe mit der Länge der Roten Stangen, z. B.: „Ursula ist größer als diese (die längste, die kürzeste) Stange."

- Jedes Kind bekommt eine Stange und die Aufgabe, im Spielraum einen Gegenstand zu suchen, der genauso lang oder kurz ist wie seine Stange. Entsprechendes Vergleichsmaterial muß bereitgelegt sein, z. B. Seilchen, Meßstäbe, Pappstreifen. Der Heilpädagoge kann das Kind darauf aufmerksam machen, daß vielleicht auch ein Schrank, eine Bank, eine Puppe „paßt", d. h. dieselbe Länge hat.

Wortlektion:

Benennung der Unterschiede:

lang – kurz

lang – länger – am längsten

kurz – kürzer – am kürzesten

die längste – die kürzeste

länger als – kürzer als

Die neuen Begriffe lang und kurz werden dem Kind in der Dreistufenlektion gegeben:

1. Stufe: (Definition)

„Die Stange ist lang (kurz)."

2. Stufe: (Reproduktion)

„Gib mir bitte die lange (kurze) Stange."

3. Stufe: (Abstraktion)

„Wie ist diese Stange?"
„Was ist dies?"

Anwendung im täglichen Leben:

Der Heilpädagoge verdeutlicht dem Kind mit Kreidestrichen auf dem Boden eine lange und eine kurze Straße. „Wir gehen jetzt die kurze, dann die lange Straße entlang."

Im nachfolgenden Spaziergang oder beim Einkaufsbummel in der Stadt nehmen Kind und Heilpädagoge die unterschiedlichen Wege und Straßenlängen bewußt wahr.

Der Heilpädagoge stellt einen Korb bereit mit gleich- und verschiedenlangen Bleistiften, Trinkhalmen, Wollfäden, Papprollen u. a. m.

Das Kind soll die Längen vergleichen.

Das Kind überträgt die Begriffe kurz und lang auch auf andere Gegenstände im täglichen Leben.

Einsatzzylinder

Material:

Das Material besteht aus Holzblöcken mit je zehn Vertiefungen und je zehn passenden Zylindern. Jeder Zylinder hat oben einen Knopf, damit das Kind ihn gut greifen kann. Die Zylinder der vier Blöcke unterscheiden sich:

Block A: Zylinder mit abnehmender Höhe, aber gleichem Durchmesser: Veränderung in einer Dimension.

Block B: Zylinder mit gleicher Höhe, aber mit abnehmendem Durchmesser: Veränderung in zwei Dimensionen.

Block C: Zylinder mit abnehmender Höhe und abnehmendem Durchmesser: Veränderung in drei Dimensionen.

Block D: Zylinder mit zunehmender Höhe und abnehmendem Durchmesser: Veränderung in drei Dimensionen.

Lernziele:

Das Kind soll Dimensionsunterschiede bei gleichbleibender Form wahrnehmen, vergleichen und zuordnen.

Es soll erkennen, wie Hohlraum und Körper einander entsprechen.

Es soll einfache Ordnungsstrukturen im Bereich der Dimensionen bilden.

Das Kind soll den Dreifingergriff üben, als Vorbereitung auf den Umgang mit Pinsel und Stift.

Einführung und Darbietung:

Es empfiehlt sich, mit Block B zu beginnen, da alle Zylinder die gleiche Höhe haben und für das Kind gut sichtbar sind.

Der Heilpädagoge stellt den Block auf den Tisch oder auf den Arbeitsteppich vor das Kind. Er setzt sich rechts neben das Kind, bei Linkshändern links, nimmt die Zylinder langsam, für das Kind gut sichtbar, aus dem Block heraus und stellt sie in entsprechender Reihenfolge vor die dazugehörige Vertiefung im Block. Beim Herausnehmen zeigt der Heilpädagoge dem Kind ganz deutlich, wie der Knopf mit drei Fingern der rechten Hand angefaßt wird (Schreibfinger).

Danach nimmt der Heilpädagoge den größten Zylinder, betrachtet ihn aufmerksam, betastet ihn, umfaßt ihn mit der Hand, schaut in die Vertiefung im Block, vergleicht Zylinder und Vertiefung miteinander und setzt den Zylinder in die entsprechende Vertiefung. Mit allen anderen Zylindern macht er es genauso. Das Kind wiederholt dann die Übung.

In dieser Weise führt der Heilpädagoge in den darauffolgenden späteren Übungseinheiten die verschiedenen Zylinderblöcke nacheinander ein. Wenn sie dem Kind vertraut sind, werden zwei, später drei, dann alle vier Blöcke gleichzeitig angeboten.

Hinweise für den Heilpädagogen:

Aus meiner langjährigen Erfahrung im Umgang mit dem MONTESSORI-Material in der HPÜ empfehle ich Ihnen, die Einsatzzylinder als erstes Übungsmaterial Kindern anzubieten, die im Funktionsspielalter greifen und loslassen, ein- und ausräumen üben sollen.

Das Material – in der richtigen motivationsfreundlichen Atmosphäre eingeführt und angeboten – übt auf entwicklungsverzögerte und behinderte Kinder eine große Faszination aus.

Die unmittelbare Fehlerkontrolle ist für jedes Kind sichtbar und ertastbar.

Für Menschen mit einer schweren geistigen Behinderung haben Studenten das Material vereinfacht und – z. B. – einzelne Blöcke aus Holz mit Vertiefungen für je einen Holzzylinder selbst hergestellt.

Man kann zu Anfang auch MONTESSORI-Einsatzzylinder B mit nur drei Holzzylindern, die sich gut sichtbar und ertastbar unterscheiden, anbieten. Diese Holzzylinder werden dem Kind nacheinander in die Hände gelegt. Es be-greift sie durch Tasten. Zeigen Sie dem Kind nacheinander die dazu passenden Hohlräume. Sie können ebenfalls ertastet werden. Dazu braucht das Kind u. U. zu Anfang Ihre Handführung. Kleine Kinder werden durch beliebte Fingerspiele auf die Beweglichkeit der Hände und einzelner Finger aufmerksam gemacht.

Fehlerkontrolle:

Die Einsatzzylinderblöcke enthalten eine unmittelbare Fehlerkontrolle, die auch das behinderte Kind häufig ohne Hilfestellung des Erwachsenen entdecken kann, denn in jede Vertiefung paßt jeweils nur ein dafür bestimmter Zylinder.

Wenn alle Zylinder richtig eingesetzt sind, bleibt keiner übrig.

Abb. 9a

Abb. 9b

Übungsvorschläge:

- Die Zylinder stehen vor dem Block in ungeordneter Reihenfolge. Das Kind wählt einen Zylinder aus und sucht die dafür vorgesehene Vertiefung.
- Ist dem Kind die Grundübung bekannt, kann es sie mit geschlossenen Augen durchführen.
- Die Übung zunächst mit einem Block, dann mit zwei Blöcken, später mit drei und vier Blöcken gleichzeitig durchführen.
- Die ungeordneten Zylinder werden ohne den dazugehörigen Block in eine Reihe gestellt, die gleichmäßig zu- oder abnimmt.
- Die Übung kann mit geschlossenen Augen wiederholt werden.
- Die Zylinder der Höhe oder Dicke nach ohne den Block in einer Reihe aufstellen.
- Der Heilpädagoge entfernt einen Zylinder aus einer Reihe, schließt diese und läßt das Kind suchen, wo ein Zylinder fehlt.
- Das Kind stellt alle gleich hohen Zylinder nebeneinander, dann alle Zylinder mit gleichem Durchmesser.

Spiele in der Gruppe:

- Der Heilpädagoge verteilt die Zylinder eines Blockes an die Kinder in der Gruppe. Er zeigt auf eine Vertiefung, und das Kind mit dem entsprechenden Zylinder soll nun diesen in die Vertiefung setzen. Mit deutlichen Unterschieden beginnen: „Wer hat den kleinsten (größten . . . usw.) Zylinder?"
- Der Heilpädagoge verteilt die Zylinder von zwei, drei, vier Blöcken an die Kinder. Die Zylinder sollen in eine Reihe gestellt werden, die gleichmäßig zu- oder abnimmt.

Wortlektion:

Zylinder:

Block A:
- hoch – niedrig
- hoch – höher – am höchsten
- niedrig – niedriger – am niedrigsten
- der höchste – der niedrigste
- höher als – niedriger als

Block B:
- dick – dünn
- dick – dicker – am dicksten
- dünn – dünner – am dünnsten
- der dickste – der dünnste Zylinder
- dicker als – dünner als

Block C:
- groß – klein
- groß – größer – am größten
- klein – kleiner – am kleinsten
- der größte – der kleinste Zylinder
- größer als – kleiner als

Block D:
- hoch – niedrig
- dick – dünn

Anwendung im täglichen Leben:

Groß – klein:

Das Kind sortiert Suppenlöffel und Teelöffel, große und kleine Teller, gleichfarbige und gleichförmige große und kleine Bauklötze. Es fädelt große Perlen und kleine Perlen auf. Es bildet eine Reihe aus großen und eine aus kleinen Steckern auf dem Steckbrett.

Tastbeutelpaare mit großen und kleinen gleichförmigen Gegenständen – Perlen, Kugeln, Knöpfen, Löffeln –, die das Kind schon kennengelernt hat, werden geordnet.

Dick – dünn:

Das Kinder sortiert dicke und dünne Strümpfe, Handtücher, Schnüre, Papiere, Stifte, u.a.m.

Bildkarten werden gemeinsam hergestellt mit Motiven „dick" und „dünn".

Hoch – niedrig:

Das Kind sucht hohe und niedrige Häuser in der Umgebung, hohe und niedrige Bäume, Hecken, Zäune, Sträucher, Blumen u.a.m.

Bildkarten mit „hohen" und „niedrigen" Motiven gemeinsam anfertigen und sortieren.

Farbige Zylinder

Material:

Vier Holzkästen mit je zehn farbigen Zylindern. Sie entsprechen in ihren Dimensionen den Einsatzzylindern.

Die blauen Zylinder entsprechen Einsatzzylinder Block A.

Die roten Zylinder entsprechen Einsatzzylinder Block B.

Die gelben Zylinder entsprechen Einsatzzylinder Block C.

Die grünen Zylinder entsprechen Einsatzzylinder Block D.

Lernziele:

Das Kind soll Dimensionsunterschiede bei den Zylindern wahrnehmen.

Es soll Reihen nach vorgegebenen Ordnungskriterien bilden.

Es soll die Begriffe groß – klein, dick – dünn, hoch – niedrig, die es schon bei den Einsatzzylindern gelernt hat, wiederholen und sich einprägen.

Einführung und Darbietung:

Der Kasten mit den gelben Zylindern – sie sind in der Handhabung am einfachsten – steht auf dem Arbeitsteppich. Der Heilpädagoge nimmt den Deckel ab, holt alle Zylinder heraus und stellt sie ungeordnet auf den Teppich. Er nimmt den größten Zylinder in die Hand, umfährt ihn tastend und stellt ihn auf den Teppich. Dann nimmt er den nächstkleineren usw., bis alle Zylinder der Größe nach in einer Reihe stehen. Um die Aufmerksamkeit des Kindes verstärkt auf die verschiedenen Dimensionen zu lenken, werden zwei aufeinanderfolgende Zylinder nebeneinander gestellt. Die stufenförmige Anordnung wird mit dem tastenden Entlanggleiten der Hand verdeutlicht.

Das Kind wiederholt die Übung. Die anderen Serien werden in gleicher Weise eingeführt.

Hinweise für den Heilpädagogen:

Wenn Sie die Farbigen Zylinder einsetzen, sollte das Kind schon mit anderen Körpern gearbeitet haben. Weil ihm dann der Aufbau einer Reihe mit regelmäßiger Abstufung vertraut ist, kann es so die schon vorhandenen Kenntnisse vertiefen.

Fertigen Sie eine Schablone aus Pappe oder festem Papier an, und lassen Sie das Kind die entsprechenden Zylinder auf die Schablone stellen.

Fehlerkontrolle:

Bei falscher Anordnung ist die Harmonie der Reihe gestört. Die visuelle Fehlerkontrolle ist (u. o. U.) dem Kind (noch) nicht möglich. Es bedarf (zunächst) der behutsamen Hinführung durch den Heilpädagogen.

Übungsvorschläge:

- Das Kind baut mit den Zylindern gleichfarbige Türme.

Abb. 10a

- Der Heilpädagoge entfernt einen Zylinder aus einer gleichmäßig abgestuften Reihe und läßt das Kind herausfinden, wo ein Zylinder weggenommen wurde.

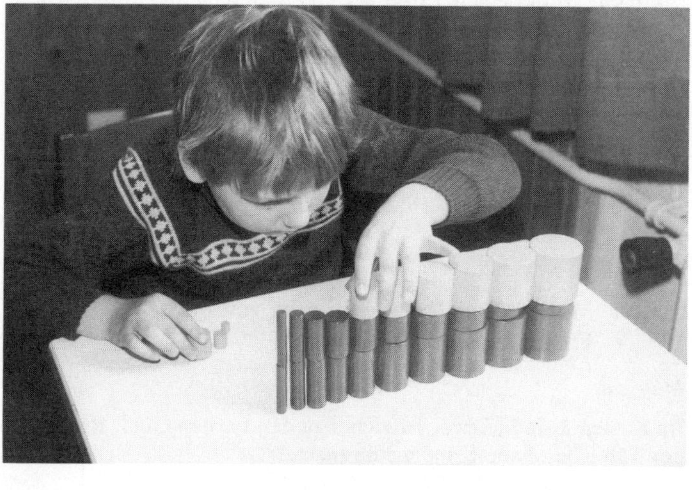

Abb. 10b

- Die roten Zylinder werden, vom dicksten bis zum dünnsten, in eine Reihe gestellt. Nun soll das Kind auf die roten Zylinder die grünen und zum Schluß die gelben Zylinder setzen, die alle drei denselben Durchmesser haben. Ganz geschickte Kinder können noch die blauen Zylinder auf die bunten Türme stellen.
- Das Kind sucht alle gleich hohen Zylinder zusammen.
- Es kann alle Zylinder heraussuchen, die zwei gleiche Eigenschaften haben: die gleiche Farbe und den gleichen Durchmesser; die gleiche Höhe und den gleichen Durchmesser.
- Das Kind soll aus allen Zylindern eine Schlange bilden und dabei mit den höchsten beginnen und mit den niedrigsten enden.
- Kombinationsspiele mit den Farbigen Zylindern und mit den Einsatzzylindern erfinden.

Spiele in der Gruppe:

- Mit den Farbigen Zylindern, die gleichmäßig an die Kinder verteilt werden – jedes Kind bekommt die gleiche Anzahl –, soll ein Turm gebaut werden. Ein Kind stellt den ersten Zylinder aus der jeweiligen Reihe – den dicksten, den höchsten, den größten, mit dem größten Durchmesser – auf den Boden.

  Das Kind mit dem nächstfolgenden Zylinder setzt ihn auf. Der Reihe nach fügt jedes Kind den jeweils folgenden Zylinder hinzu, bis kein Zylinder mehr übrigbleibt und der harmonische Turmaufbau gelungen ist.
- Die Spiele der „Übungsvorschläge" können auch als Gruppenspiele durchgeführt werden.

Wortlektion:

Anwendung, Wiederholung, Vertiefung der Begriffe, die beim Rosa Turm, der Braunen Treppe, den Einsatzzylindern und den Farbtäfelchen erworben wurden/werden.

Anwendung im täglichen Leben:

Mit dem Kind in der näheren und später in der weiteren Umgebung andere zylinderförmige Gegenstände suchen.

3.3.2.2 Material zur Unterscheidung von Farben Farbtäfelchen (Kasten 1)

Material:

Im Kasten 1 sind je zwei Täfelchen in den Farben Gelb, Rot, Blau. Die kurzen Seiten der Täfelchen haben eine weiße Leiste.

Lernziele:

Das Kind soll die Grundfarben Rot, Gelb und Blau wahrnehmen.

Es soll die Grundfarben unterscheiden.

Es soll die Farben zuordnen und benennen.

Einführung und Darbietung:

Der Kasten mit den Farbtäfelchen wird auf den Tisch oder Arbeitsteppich gestellt. Die Farbtafeln werden herausgenommen und gemischt. Dann wird der Kasten an die Seite gestellt.

Aus den ungeordneten Farbpaaren nimmt der Heilpädagoge ein Täfelchen, faßt es an der unteren und oberen weißen Leiste und legt es vor das Kind. Dann holt er das gleichfarbige und ordnet beide zusammen. Anschließend werden die beiden anderen Paare daruntergelegt. Das Kind hat zugeschaut. Die Farbtäfelchen werden nun wieder gemischt, und es legt sie in gleicher Weise nebeneinander.

Abb. 11

Hinweise für den Heilpädagogen:

Zur Entwicklung des Farbsinns können Sie mit dem Kind verschiedenfarbige Perlen aufreihen. Beginnen Sie mit den Grundfarben Rot und Gelb. Wenn dem Kind das Zuordnen zweier Farbpaare gelingt, nehmen Sie das dritte Farbpaar dazu.

Vertiefen Sie die vom Kind wahrgenommene Farbunterscheidung durch ein gemeinsames fröhliches Spiel und Lied, z. B. durch das Lied: „Rot, rot, rot sind alle meine Farben . . .“, auch durch Spiele wie „Bunte Ballone“, „Farbtürmchen“ u. a. mehr.

Setzen Sie Bilderbücher ein, z. B.: „Das kleine Blau und das kleine Gelb“ von L. Lionni.

Entwickeln Sie eigene Ideen in der Spielzeug- und Bilderbuch-Auswahl und -Anfertigung, die Ihnen für dieses Kind in dieser sensitiven Entwicklungsphase besonders geeignet erscheinen. Wecken Sie die Neugierde des Kindes auf weiteres Farb-Material durch motivationsfreundliche Angebote.

Anregungen finden Sie im „Lehrbuch der heilpädagogischen Übungsbehandlung", in den Übungen des Funktionsspiels: Farben-, Formen-, Steckspiele, S. 88.

Fehlerkontrolle:

Die Fehlerkontrolle ist durch optischen Vergleich möglich. Das behinderte Kind braucht zunächst die Hilfestellung des Erwachsenen.

Übungsvorschläge:

- Das Kind versteckt im Raum ein blaues, rotes und gelbes Farbtäfelchen. Die anderen bleiben auf dem Arbeitsplatz liegen. Der Heilpädagoge zeigt dem Kind eins der Täfelchen und bittet es, das gleichfarbige versteckte zu holen. Nacheinander werden die beiden anderen auch geholt und wieder paarweise nebeneinandergelegt.
- Das Kind macht einen „Farbspaziergang". Es hat ein Körbchen mit einem Farbtäfelchen. Gegenstände dieser Farbe soll es nun suchen und bringen.
- In einem Korb liegen Dinge in den drei Grundfarben. Das Kind ordnet sie den entsprechenden Täfelchen zu.

Spiele in der Gruppe:

Die Kinder schneiden aus Pappe geometrische Formen und bemalen sie mit Farben.

- Sie spielen: „Mein rechter Platz ist leer, ich wünsche mir Stefan mit dem Roten Kreis her," (Ursula mit dem Gelben Dreieck, Franz mit dem Blauen Viereck).
- Anregungen und Ideen für weitere Gruppenspiele können aus den vorherigen Übungsvorschlägen und Hinweisen für den Heilpädagogen genommen werden.

Wortlektion:

Farbbenennungen Gelb – Rot – Blau in der Dreistufenlektion.

Anwendung im täglichen Leben:

Das Kind sucht, erkennt und benennt an seiner Kleidung und der Kleidung anderer Kinder die Farben Gelb, Rot, Blau.

Es sortiert entsprechend farbige Strümpfe, Waschlappen, Wäscheklammern, Eierlöffel u. a. mehr.

Es malt mit den Grundfarben einfache Motive auf Bildkarten, die es in seiner Umwelt entdeckt, z. B. Luftballone, Bälle, Blumen und ordnet sie zu.

Das Kind kann nun Farbreihen stecken, einfarbig oder im Wechsel zweifarbig bzw. dreifarbig.

Es reiht eine Perlenkette nach vorgegebenem Muster: Gelb – Rot – Blau.

Das Kind reiht Perlen in den Grundfarben nach eigener Kombination.

Farbtäfelchen (Kasten 2)

Material:

In Kasten 2 sind je zwei Täfelchen der Farben: Gelb, Orange, Rot, Weinrot oder Rosa, Blau, Violett, Grün, Braun, Schwarz, Weiß und Grau.

Lernziele:

Das Kind soll Mischfarben wahrnehmen, sowie Schwarz und Weiß.

Es soll die Mischfarben sowie Schwarz und Weiß unterscheiden.

Es soll die Farben zuordnen und benennen.

Einführung und Darbietung:

Ist dem Kind Kasten 1 bekannt, wird Kasten 2 in gleicher Weise eingeführt: durch Paarung der Täfelchen, die die gleiche Farbe haben.

Hinweise für den Heilpädagogen:

Am besten beginnen Sie mit wenigen Farbpaaren. Wenn das Kind die Farbunterschiede wahrnimmt und ihm die Paarung der gleichfarbigen Täfelchen gelingt, werden nach und nach die vorhandenen Mischfarben sowie Schwarz und Weiß hinzugenommen.
Singen Sie mit dem Kind Lieder, sprechen Sie mit ihm Verse und Reime, in denen Farben benannt werden.

Veranstalten Sie ein lustiges Beruferaten nach Farben: Der Bäcker trägt weiße Kleidung und der Schornsteinfeger schwarze . . . u. a. mehr.

Setzen Sie motivationsfreundliches Farb-Spielzeug ein, um im Kind in vielfältiger und spielerischer Weise ein Gefühl für Farben und Farbharmonie zu wecken und zu entwickeln.

Das ist auch beim Einsatz von SCHEIBLAUER-Rhythmik-Material in der HPÜ möglich, z. B. liegt der rote Ball auf dem roten Tuch, die gelbe Kugel rollt im gelben Reifen, der blaue Stab schiebt die blaue Rasselbüchse u. a. mehr.

Fehlerkontrolle:

Sie geschieht durch optischen Vergleich.

Übungsvorschläge:

– Das Kind sucht sich ein Farbtäfelchen aus und macht damit einen „Farbspaziergang“:

- Es schaut nach Gegenständen im Raum, die die gleiche oder eine ähnliche Farbe haben.
- Es räumt Farbtäfelchen in entsprechende farbige Behälter.
- Es legt Farbtäfelchen auf gleichfarbige Seidentücher.
- Das Kind experimentiert mit Wasserfarben und stellt selbst Mischfarben her.

Spiele in der Gruppe:

- Die Kinder schneiden aus Pappe geometrische Formen und bemalen sie mit Farben.
- Sie spielen: „Mein rechter Platz ist leer, ich wünsche mir Stefan mit dem Roten Kreis her“, (Ursula mit dem Gelben Dreieck, Franz mit dem Blauen Viereck).
- Anregungen und Ideen für weitere Gruppenspiele können aus den vorherigen Übungsvorschlägen und Hinweisen für den Heilpädagogen genommen werden.

Wortlektion:

Benennung der Farben – Farbtäfelchen.

Anwendung im täglichen Leben:

Das Kind nimmt die Ampel-Farben im Straßenverkehr wahr.

Beim Spaziergang werden Blumen und Blüten nach Farben unterschieden bzw. die verschiedenen Farben einer Blumenart erkannt und benannt.

Das Kind legt mit FRÖBEL-Material Farbmuster.

Aus Muggelsteinen und Steckmaterial gestaltet das Kind farbige Blumen-Teppiche.

Es ordnet Bänder und Tücher nach Farben.

Es experimentiert mit Wasserfarben und stellt Mischfarben her.

Strümpfe und Socken werden paarweise nach Farben geordnet.

Farbtäfelchen (Kasten 3)

Material:

Kasten 3 hat neun Farbfächer. Zu jedem Fach gehören sieben Farbtäfelchen einer Farbe in der Abstufung von hell bis dunkel. Die neun Farben sind: Gelb, Orange, Rot, Weinrot oder Rosé, Blau, Violett, Grün, Braun, Grau.

Lernziele:

Das Kind soll Farbabstufungen wahrnehmen, und es soll Farbnuancen erkennen und zuordnen. Es soll Sinn für Farbharmonie entwickeln.

Einführung und Darbietung:

Eine Farbserie wird aus dem Kasten herausgenommen und die sieben Farbtäfelchen einer Farbe gemischt. Der Heilpädagoge nimmt die beiden kontrastreichsten Täfelchen – das hellste und das dunkelste –, zeigt sie dem Kind, vergleicht sie miteinander und legt sie auf den Tisch oder Arbeitsteppich. Danach werden die übrigen Täfelchen nacheinander, entsprechend ihrer Schattierung, so geordnet, daß eine Farbreihe, Farbabstufung von hell bis dunkel, entsteht.

Vor dem Einordnen vergleicht das Kind die Farbtäfelchen miteinander und stuft sie gleichmäßig in eine Farbreihe ein.

Hinweise für den Heilpädagogen:

Diese Farb-Übung kann mit den kontrastreichsten Täfelchen einer Farbserie begonnen werden. Nehmen Sie erst nach und nach die übrigen Farbnuancen dazu, wenn das Kind die beiden erstangebotenen Täfelchen auch als das hellste und das dunkelste erkennt. Kasten 3 sollte dem Kind erst angeboten werden, wenn es die Farben der vorherigen Kästen kennt und mühelos zuordnet.

Sie können mit dem Kind aus Seidenpapier verschiedene Farbschattierungen herstellen, mit Wasserfarben ein Bild malen lassen, durch helle und dunkle Kontraste die Motive verdeutlichen.

Fehlerkontrolle:

Die Fehlerkontrolle ist dem Kind durch optischen Vergleich möglich.

Übungsvorschläge:

- Das Kind legt die Farbtäfelchen einer Farbreihe entsprechend ihrer Schattierungen von hell bis dunkel.
- Danach wählt es eine zweite Farbreihe und ordnet sie jeweils vom dunkelsten bis zum hellsten oder umgekehrt vom hellsten bis zum dunkelsten Täfelchen in der entsprechenden Abstufung.
- Nach und nach entnimmt das Kind dem Kasten 3 alle Farbreihen und ordnet sie entsprechend ihrer Schattierung auf dem Tisch oder Arbeitsteppich.
- Das Kind ordnet die Täfelchen senkrecht oder diagonal.
- Alle Farbtäfelchen bilden einen Stern, innen liegen die dunklen, außen die hellen Täfelchen.
- Alle Farbtäfelchen können nach einer bestimmten Ordnung zu einer Spirale (Schnecke) gelegt werden: zuerst die dunkelsten Täfelchen aller Farben, dann die etwas helleren usw. . . ., den Schluß bilden die hellsten Täfelchen.

Spiele in der Gruppe:

- Alle aufgeführten Übungen mit den Farbtäfelchen können auch als Gruppen-Spiele angeboten werden.

Wortlektion:

Benennungen:
hell – dunkel
hell – heller – am hellsten
dunkel – dunkler – am dunkelsten
das hellste – das dunkelste
dunkler als – heller als

Anwendung im täglichen Leben:

Das Kind entdeckt in seinem Bilderbuch Farben, die es benennt und durch Farbtäfelchen darstellt.

Es vergleicht die Farben seiner Kleidung mit den entsprechenden Farbtäfelchen.

Es erkennt Farbnuancen und kann sie bei sich und bei anderen feststellen und unterscheiden.

Das Kind stellt zunehmend selbständiger seine Kleidung farbharmonisch zusammen.

In der Advents- und Weihnachtszeit entstehen Faltsterne aus Transparentpapier in verschiedenen Farbschattierungen.

Das Kind experimentiert mit Farben.

Das Eierfärben zu Ostern geschieht nach eigener Farb-Komposition.

3.3.2.3 Material zur Unterscheidung von Formen

Geometrische Kommode

Material:

Ein Kasten mit sechs Schubladen. In jeder Schublade sind blaue geometrische Einsatzfiguren, die in einem Holzrahmen liegen und herausgenommen werden können. Die Schubladenböden sind blau, damit die geometrischen Formen erkennbar bleiben, wenn die Einsätze herausgenommen werden.

Inhalt einer Schublade:

1. Schublade enthält:
   sechs verschiedene Dreiecke:

   ein gleichseitiges Dreieck
   ein gleichschenkliges rechtwinkliges Dreieck
   ein gleichschenkliges stumpfwinkliges Dreieck
   ein gleichschenkliges spitzwinkliges Dreieck
   ein ungleichseitig rechtwinkliges Dreieck
   ein ungleichseitig stumpfwinkliges Dreieck

2. Schublade enthält:
   sechs verschiedene Rechtecke
3. Schublade enthält:
   sechs Vielecke vom Fünfeck bis zum Zehneck
4. Schublade enthält:
   ein ungleichseitig spitzwinkliges Dreieck
   ein Parallelogramm
   ein rechtwinkliges Trapez
   einen Rhombus (Raute)
   ein gleichschenkliges Trapez
5. Schublade enthält:
   einen Vierpaß
   ein Kreisbogendreieck
   eine Ellipse
   eine Eiform
6. Schublade enthält:
   sechs unterschiedlich große Kreise

Weiter gehören dazu:

ein Demonstrationsrahmen mit sechs Unterteilungen
drei quadratische Brettchen und
drei Einsatzfiguren (Kreis, Quadrat, Dreieck).

Karten mit geometrischen Formen:

Drei Sätze mit je 33 Karten, deren Figuren den geometrischen Einsatzfiguren der Kommode entsprechen. Jede Figur ist dreimal vorhanden.

1. Serie: Figuren sind ganz mit blauer Farbe ausgefüllt.

2. Serie: Figuren mit breitem blauem Rand.

3. Serie: Figuren mit schmalem blauem Rand.

Ein Ständer zum Aufbewahren der Karten mit sechs waagerechten Fächern.

Lernziele:

Das Kind soll unterschiedliche Formen erkennen.

Es soll geometrische Figuren nach der Form zuordnen, d. h. einsetzen.

Es soll geometrische Figuren nach der Größe zuordnen.

Es soll geometrische Figuren nach größenmäßigen Abstufungen ordnen.

Es soll die Namen einfacher geometrischer Figuren kennen und benennen:

Kreis, Quadrat, Dreieck.

Es soll die Umrisse der geometrischen Figuren zeichnen (nachziehen) und die Figuren ausmalen.

Abb. 12a

Einführung und Darbietung:

Der Rahmen für die erste Darbietung – der Demonstrationsrahmen – ist in sechs Felder aufgeteilt. Darin liegen als Einsatzfiguren Kreis, Dreieck, Quadrat und drei hölzerne Brettchen. Wenn die Aufmerksamkeit des Kindes auf dieses Material gerichtet ist, nimmt der Heilpädagoge eine Figur nach der anderen mit dem Dreifingergriff und setzt sie anschaulich-langsam auf je ein freies Holzbrettchen. Mit Mittel- und Zeigefinger umfährt er in langsamer Bewegung die freigelegte Figur des Rahmens, danach mit den gleichen Fingern die passende ausgeschnittene Figur und setzt sie in den Rahmen. Nacheinander führt er so auch die anderen ein.

Hinweise für den Heilpädagogen:

Wenn Sie die Aufnahmefähigkeit des Kindes für die Unterscheidung geometrischer Flächen erkennen, führen Sie die Grundformen Kreis, Dreieck und Quadrat ein.

Erspüren Sie die günstige Lernzeit und nutzen Sie die sensitive Entwicklungsphase des Kindes durch optimale Übungssequenzen. Sie sollten in entspannter, ruhig-fröhlicher Atmosphäre durchgeführt werden.

In den gut überschaubaren Rahmen setzt das Kind die Formen – evtl. geben Sie ihm zu Anfang durch Handführung eine behutsame Hilfestellung.

Der Rahmen erleichtert ein schrittweises Kennenlernen der einzelnen Schubladen.

Bei den Übungen mit weiteren geometrischen Figuren gehen Sie am besten zunächst von starken Kontrasten aus. Die Einordnung ähnlicher Figuren bereitet dem Kind zu Anfang größere Schwierigkeiten.

Bieten Sie dem Kind in der HPÜ Form- und Farbspiele an, wie sie im „Lehrbuch der heilpädagogischen Übungsbehandlung“ als Anregung für Sie aufgeführt sind.

Entwickeln Sie eigene Spielideen, die für dieses Kind und auch für Sie in dieser Situation motivationsfreundlich die o. gen. Lernziele verfolgen.

Im gemeinsamen Spiel mit Formen-Einsatzbrettern, -Legespielen, Formenboxen, Puzzle-Spielen werden in spielerischer Weise Formenkenntnisse erworben.

Fehlerkontrolle:

Die Figur muß genau in den Rahmen passen, Einsätze und Kartenbild müssen in der Fläche übereinstimmen.

Übungsvorschläge:

- Dem Kind in gleicher Weise wie bei der Darbietung die einzelnen Schubladen nach und nach anbieten.
- Wenn es die einzelnen Schubladen kennt, werden mehrere Schubladen gleichzeitig angeboten.
- Nach entsprechender Erfahrung mit dem Material setzt das Kind mit geschlossenen Augen die Formen einer Schublade ein.
- Es bildet Reihen mit Vielecken, Rechtecken, Kreisen:
  beginnend mit der größten Figur
  beginnend mit der kleinsten Figur
  beginnend mit der mittleren Figur
- Gedächtnisübung:
  Mehrere Einsätze einer Schublade liegen auf dem Tisch, die Einsatzfiguren in einem anderen Raum. Das Kind legt ein Zeichen in einen Einsatzrahmen und holt die entsprechende Form aus dem anderen Zimmer.
- Den Rahmen einer Form, z. B. des Kreises, – ohne die Figur – auf ein Stück Papier legen. Mit einem Farbstift an der inneren Kante des Rahmens entlangfahren. Den Rahmen zur Seite legen und den Kreis ausmalen. Dem Kind anschließend zeigen, wie man die Figur (hier den Kreis) direkt auf die Zeichnung setzen kann. Dann den Umriß des Kreises mit dem Stift nachziehen.
- Wenn das Kind die Grundfiguren kennt, sollte man ihm zeigen, wie mehrere Figuren über-, unter- oder nebeneinander gelegt werden, so daß vielerlei Muster entstehen können.

Spiele in der Gruppe:

- Alle Figuren aus einer oder mehreren Schubladen werden an die Kinder verteilt. Der Heilpädagoge oder ein Kind ist Spielleiter, zeigt auf eine Form im Rahmen und das Kind, das die entsprechende Figur hat, kommt und setzt sie ein.
- Gesellschaftsspiel:
  „Ich sehe was, was du nicht siehst, und das ist rund (viereckig, dreieckig . . .) bzw. das ist ein Kreis (ein Quadrat/Viereck, ein Dreieck).“ Die Kinder suchen im Raum die Formen. Wer die Form zuerst findet, übernimmt die Spielleitung und fragt weiter: „Ich sehe was, . . .“

- Die Kinder können auf einem gemeinsamen großen Kartonpapier ausgeschnittene Kreise, Quadrate und Dreiecke zu einem Haus, einem Dorf oder einer Stadt zusammenfügen.

Wortlektion:

Die Figuren werden benannt.

Einführung des Kartensatzes:

Der Kartensatz dient als Zuordnungs- und Vertiefungsmaterial zur geometrischen Kommode.

Der Heilpädagoge nimmt zunächst den Kartensatz einer Schublade. Die sechs Karten mit den ganz ausgefüllten Formen werden nebeneinander ausgelegt. Die dazugehörigen Einsatzfiguren liegen in unmittelbarer Nähe auf dem Arbeitsteppich.

Das Kind nimmt eine Figur und sucht die entsprechende Form auf der Karte. Hat es sie gefunden, wird die Figur oben an den Rand der Karte gelegt. Sind alle Einsatzfiguren zugeordnet, wird der nächste Kartensatz mit dickem blauen Rand unter die dazu passende Karte gelegt. Zum Schluß werden die Karten mit dünnem Rand ausgelegt. Mit den Einsatzfiguren wird die richtige Zuordnung aller Karten überprüft.

Abb. 12b

Hinweise für den Heilpädagogen:

Beginnen Sie mit wenigen Karten des Kartensatzes. Teilen Sie die Aufgaben in kleine Schritte, die das Kind überschaut.

Übungsvorschläge:

- Zur Schulung des visuellen Gedächtnisses einen Kartensatz herausnehmen, eine Reihe legen und genau einprägen lassen. Das Kind schließt die Augen, und der Heilpädagoge legt eine Karte weg, schließt die Reihe wieder und fragt: „Wo fehlt eine Karte?“
- Sechs Karten des Kreises auf den Tisch legen.
  Den größten Kreis vom Kind heraussuchen lassen und an die obere Tischkante legen. Dann den kleinsten Kreis suchen lassen und unter den größten legen. Die weiteren abgestuften Größen werden nun nacheinander zwischen den größten und kleinsten Kreis gelegt.
- Eine Abwandlung dieser Übung mit dem gleichen Kartensatz: den größten Kreis nehmen, dann den nächstkleineren Kreis suchen lassen und darunterlegen, so fortfahren, bis alle Kreise der Größe nach geordnet in einer Reihe untereinander liegen.

Anwendung im täglichen Leben:

Zu den Formen Kreis, Dreieck, Quadrat und Rechteck sucht das Kind in der näheren und weiteren Umgebung Gegenstände, die die gleiche Form haben.

Konstruktive Dreiecke

Material:

Das Material besteht aus fünf Kästen mit Dreiecken.

Rechteck-Kasten 1:
Er enthält:
zwei gleichseitige Dreiecke in Gelb
zwei rechtwinklig gleichschenklige Dreiecke in Gelb und Grün
zwei rechtwinklig ungleichseitige Dreiecke in Grau, Grün und Gelb
ein ungleichseitiges rechtwinkliges Dreieck in Rot
ein ungleichseitiges stumpfwinkliges Dreieck in Rot

Rechteck-Kasten 2:
Er enthält:
nur blaue Dreiecke
zwei gleichseitige Dreiecke
zwei rechtwinklig gleichschenklige Dreiecke
zwei große rechtwinklig ungleichseitige Dreiecke
ein kleines rechtwinklig ungleichseitiges Dreieck
ein stumpfwinkliges ungleichseitiges Dreieck

Dreieck-Kasten:
Er enthält:
ein gleichseitiges Dreieck in Grau

vier gleichseitige Dreiecke in Rot
zwei rechtwinklig ungleichseitige Dreiecke in Grün
drei stumpfwinklig gleichschenklige Dreiecke in Gelb

Großer Sechseck-Kasten:
Er enthält:
ein gleichseitiges Dreieck in Gelb
sechs gleichschenklig stumpfwinklige Dreiecke in Gelb
zwei gleichschenklig stumpfwinklige Dreiecke in Rot
zwei gleichschenklig stumpfwinklige Dreiecke in Grau

Kleiner Sechseck-Kasten:
Er enthält:
ein großes gleichseitiges Dreieck in Gelb
sechs gleichseitige Dreiecke in Grau
drei gleichseitige Dreiecke in Grün
zwei gleichseitige Dreiecke in Rot
sechs gleichschenklige Dreiecke in Rot

Lernziele:

Das Kind soll die Beziehung geometrischer Figuren zueinander erfahren.

Es soll durch Zusammenlegen der Dreiecke neue geometrische Figuren gestalten.

Einführung und Darbietung:

Rechteck-Kasten 1:
Der Kasten steht auf dem Arbeitsplatz.
Die Dreiecke werden herausgenommen und der Kasten weggestellt.

Der Heilpädagoge ordnet an den oberen Rand des Arbeitsteppichs die Dreiecke nach Farbe, Form und Größe.

Zwei kleine rote Dreiecke bleiben übrig, die sich in Größe und Form unterscheiden.

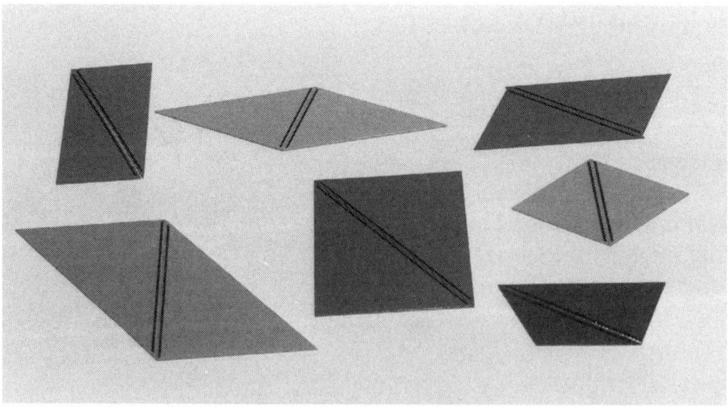

Abb. 13a

Der Heilpädagoge nimmt nun die zwei grünen Dreiecke, zeigt dem Kind die schwarze Linie, fährt mit den Fingern entlang und fügt sie zu einer neuen Form zusammen. Das gleiche geschieht mit den übrigen Dreiecken. Es entstehen sieben Vierecke. Anschließend mischt er wieder alle Formen, und das Kind wiederholt die Übung.

Rechteck-Kasten 2:
Wird dieser Kasten dazugenommen, liegen die zusammengefügten Formen des Kastens 1 auf dem Teppich.

Das Kind räumt die blauen Dreiecke aus und der Heilpädagoge zeigt ihm, wie man die bunten Vierecke mit den blauen Dreiecken abdecken kann. Einige bunte Vierecke bleiben übrig. Das Kind erfährt, daß auch diese Formen mit den blauen Dreiecken abgedeckt werden können. Es nimmt sie von den zugedeckten bunten Formen und legt sie auf die noch freien Figuren. Dann werden alle inhaltsgleichen Figuren zueinandergeschoben.

Das Kind wiederholt die Übung.

Hinweise für den Heilpädagogen:

Machen Sie dem Kind die Bedeutung der schwarzen Linie an einer Form verständlich.

Zeigen Sie dem Kind das Zusammenlegen der Figuren in anschaulich-einprägsamer Weise. Beginnen Sie mit wenigen Formen. Erst, wenn das Kind die Übung des Kastens 1 erkennt und ausführt, sollten Sie ihm die blauen Dreiecke anbieten.

Fehlerkontrolle:

Wenn die schwarzen Linien nicht aneinander liegen, entstehen durch eine falsche Zuordnung der Dreiecke ungleichmäßige Formen. Das Kind braucht zu Anfang evtl. die Hilfestellung des Heilpädagogen.

Übungsvorschläge:

- Von jeder Form der zusammengelegten Dreiecke des Kastens 1 eine Schablone ohne schwarze Linie erstellen. Das Kind legt die Figur auf.
- Mit den blauen Dreiecken die gleichen Figuren legen wie mit den bunten Dreiecken.
- Drei Gymnastikreifen liegen auf dem Boden. Das Kind legt in jeden Reifen inhaltsgleiche Figuren und fügt sie zu unterschiedlichen neuen Formen zusammen.
- Mit allen Dreiecken kreativ spielen und beliebig neue geometrische Figuren legen.
- Mit dem Kind Figuren abmalen, ausmalen, ausschneiden und es dabei zur Selbsttätigkeit anregen.
- Gedächtnisübung: Die bunten Formen liegen im Nebenraum. Auf dem Arbeitsplatz des Kindes liegen die blauen Dreiecke. Das Kind prägt sich eine Form ein, legt ein Zeichen daneben und holt das entsprechende farbige Dreieck.

Abb. 13b

Dreieck-Kasten – Einführung und Darbietung:

Die Dreiecke auf den Arbeitsplatz legen und mit dem Kind alle gleichfarbigen Dreiecke heraussuchen und einander zuordnen. Dann nimmt der Heilpädagoge zuerst das graue Dreieck und legt es vor das Kind hin. Er fordert es auf, die anderen Dreiecke, die die gleiche Farbe und Form haben, zusammenzulegen. Alle gleichfarbigen Dreiecke werden so nacheinander mit den schwarzen Linien aneinandergelegt, so daß vier gleiche Dreiecke entstehen. Das graue Dreieck wird dann auf jedes so entstandene Dreieck gelegt und verdeutlicht, daß alle Dreiecke gleich sind.

Hinweise für den Heilpädagogen:

Es empfiehlt sich, für jedes Dreieck eine Schablone anzufertigen, um dem Kind das Zusammenfügen der Dreiecke – als Anfangs-Hilfe – zu erleichtern. Die schwarzen Linien werden aufgemalt, damit das Kind beim Auflegen der Dreiecke eine visuelle Orientierung hat. Bieten Sie ihm erst allmählich die Dreiecke ohne Schablone an, so daß es schließlich das Zusammenfügen der Dreiecke nur mit Hilfe der schwarzen Linien übt.

Fehlerkontrolle:

Die schwarzen Linien und das gleichseitige graue Dreieck.

Übungsvorschläge:

- Schablone zum Auflegen der Dreiecke ohne schwarze Linie erstellen und dem Kind anbieten.
- Schablone mit Bildmotiven aus Dreiecken, wie z. B. Schiff, Baum, Stern für das Kind gestalten und vom Kind nachlegen lassen.
- Aus den Dreiecken andere Figuren legen, z. B.: Parallelogramm, Raute, Trapez.

- Aus allen Dreiecken ein großes gleichseitiges Dreieck legen.
- Die Dreiecke auf Buntpapier legen, abmalen und ausschneiden.
- Mit den ausgeschnittenen Formen Bilder erstellen und das Kind damit experimentieren lassen.

Großer Sechseck-Kasten – Einführung und Darbietung:

Alle Dreiecke auf den Arbeitsplatz legen, mit dem Kind die gleichfarbigen Dreiecke heraussuchen und einander zuordnen. Dann nimmt der Heilpädagoge das große gelbe Dreieck und legt es vor das Kind hin. Mit Zeige- und Mittelfinger fährt er an den schwarzen Linien entlang, nimmt die kleinen gelben Dreiecke, verdeutlicht die schwarze Linie und legt sie an das große Dreieck, so daß ein Sechseck entsteht.

Jetzt nimmt er das große gelbe Dreieck heraus und bittet das Kind, den frei gewordenen Raum mit den anderen gelben Dreiecken auszufüllen. Auf dem Arbeitsplatz liegen noch die roten und grauen Dreiecke. Beide werden an den Linien zusammengefügt und es entstehen neue geometrische Formen, ein Rhombus und ein Parallelogramm.

Hinweise für den Heilpädagogen:

Führen Sie auch diese Formen zum richtigen Zeitpunkt, d. h. in einer optimalgünstigen Lernzeit für das Kind behutsam ein.

Teilen Sie die Übungssequenz in für das Kind kleine überschaubare Schritte auf.

Erstellen Sie Schablonen, die Sie als Hilfestellung zum Erlernen der Grundübung einsetzen, falls es notwendig ist.

Übungsvorschläge:

- Das Kind legt aus den kleinen Dreiecken fünf gleiche Formen: Rhomben.
- Es kann große Figuren legen, z. B. Dreieck, Trapez.
- Der Heilpädagoge legt eine Figur, das Kind prägt sich die Figur ein. Die Formen werden wieder gemischt. Das Kind legt nun aus dem Gedächtnis die Figur nach.

Abb. 13c

Abb. 13d

- Gemeinsam eine Kantenschlange legen, d. h. gleich lange Seiten der Dreiecke werden zu einer „Schlange“ aneinandergelegt.
- Figuren, Formen können abgemalt, ausgemalt und ausgeschnitten werden.
- Kombinations-Übungen mit dem Dreieck-Kasten durchführen.

Kleiner Sechseck-Kasten – Einführung und Darbietung:

- Die Dreiecke liegen gemischt auf dem Arbeitsplatz, und das Kind ordnet sie nach Farben und Formen.

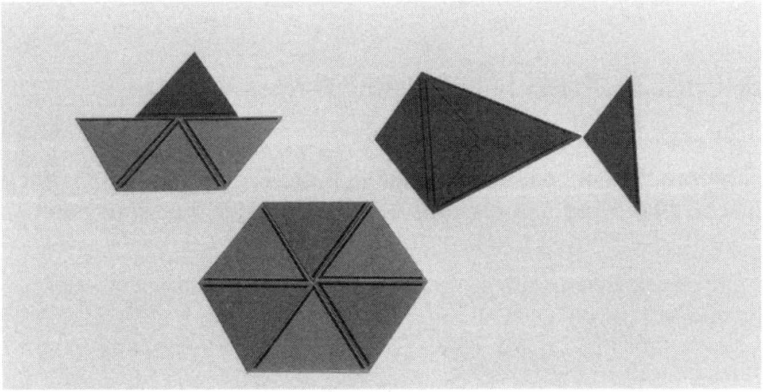

Abb. 13e

- Der Heilpädagoge greift das gelbe Dreieck heraus und legt es vor das Kind hin. Er bittet das Kind, die roten Dreiecke in der schon bekannten Weise anzulegen, d. h. mit den Fingern die schwarzen Linien entlangfahrend zu verdeutlichen.

So entsteht ein Sechseck. Wie bei dem großen Sechseck-Kasten wird auch hier das gelbe Dreieck herausgenommen, und das Kind füllt den Raum mit den übrigen roten Dreiecken aus.

Die grauen, grünen und roten gleichseitigen Dreiecke werden an den schwarzen Linien zusammengelegt, und es entstehen die Formen: Trapez, Rhombus und Sechseck. Das Kind vergleicht die beiden Sechsecke, legt sie aufeinander und stellt die Gleichheit fest.

Hinweise für den Heilpädagogen:

Zeigen Sie dem Kind in kleinen Übungseinheiten den Umgang mit dem Material und gehen Sie in Lernschritten vor, die diesem Kind angemessen sind. Sie dürfen das Kind nicht unter- bzw. überfordern. Die Handhabung des Materials soll Ihnen und dem Kind Freude bereiten.

Setzen Sie wiederum Schablonen ein, wenn Sie dadurch dem Kind das Kennenlernen der Grundübung erleichtern können.

Fehlerkontrolle:

Durch Schablonen, die schwarzen Linien und den Vergleich mit den entstandenen Sechsecken.

Übungsvorschläge:

- Schablonen mit Motiven aus den Dreiecken herstellen und vom Kind nachlegen lassen.
- Verschiedene Reihen aus gleichen Formen und Farben legen. In einer Reihe die Lage einer Form verändern: das Kind soll diese Veränderung herausfinden.
- Mit dem Kind die größtmögliche Zahl gleicher Formen bilden, z. B. Sechsecke, Quadrate, Rechtecke in der Kombination mit allen Kästen.

Spiele in der Gruppe:

Viele der Übungsvorschläge können auch als Spiele in der Gruppe durchgeführt werden.

Wortlektion:

Die Namen der Figuren werden anhand der geometrischen Kommode gegeben, da es sich bei diesem Material der konstruktiven Dreiecke weitgehend um zusammengesetzte Formen handelt. Im Spiel kann eine Wiederholung und Festigung der Farben und Grundformen erfolgen.

Anwendung im täglichen Leben:

Das Kind wählt eine zusammengesetzte Form, z. B. Rechteck, Quadrat, Dreieck und sucht gleiche Formen in der näheren und erweiterten Umgebung. Mit dem Kind Formen falten aus Faltblättern, die es wiedererkennt und benennt: Quadrat, Rechteck, Dreieck.

Das FRÖBEL-Material ist für viele der beschriebenen Übungen ein geeignetes Ergänzungs-Spiel-Material.

Geometrische Körper

Material:

Die Geometrischen Körper sind neun verschiedene massive blaugefärbte Holzkörper: Kugel, Ellipsoid, Ei, Zylinder, Pyramide, Kegel, Quader, Kubus (Würfel), dreiseitiges Prisma.

Dazu gehören:
ein Kasten mit hölzernen Täfelchen, die verschiedene Grundflächen haben:
drei Quadrate
zwei Kreise
zwei Rechtecke
ein gleichseitiges Dreieck
ein spitzwinkliges Dreieck zum Aufsetzen der Körper
ein Korb für die Geometrischen Körper
ein Tuch

Lernziele:

Das Kind soll unterschiedliche Geometrische Körper und deren Merkmale durch optische und taktile Wahrnehmung kennenlernen. Es soll die Geometrischen Körper der jeweiligen Grundfläche zuordnen.

Es soll durch die optische und taktile Wahrnehmung Merkmale des Materials unterscheiden:
rollen – kippen
rund – spitz – eckig
Kante – Ecke – Fläche – Spitze.

Das Kind soll die Namen bekannter Körper in der Dreistufenlektion vertiefen, z. B. Kugel, Würfel und neue dazulernen.

Einführung und Darbietung:

Der Korb mit den Geometrischen Körpern steht auf dem Arbeitsplatz. Der Heilpädagoge nimmt einen Körper aus dem Korb, betastet ihn, legt dem Kind den Körper in die Hände, damit es ihn mit den Händen er-fassen, be-greifen und be-tasten kann. Dann lenkt er die Aufmerksamkeit des Kindes durch Rollen und Kippen auf Merkmale der einzelnen Körper und teilt sie auf in Körper, die rollen, kippen oder rollen und kippen.

Hinweise für den Heilpädagogen:

Beginnen Sie mit bekannten Körpern, z. B. Kugel, Würfel.

Wenn das Material doppelt vorhanden ist, kann das Kind durch Zuordnung gleicher Körper die Unterschiede wahrnehmen.

Fehlerkontrolle:

Sie geschieht in der Erfahrung mit dem Material und mit Hilfe des Heilpädagogen.

Übungsvorschläge:

- Die Geometrischen Körper liegen in einem zugedeckten Korb. Der Heilpädagoge hat in einem zweiten Korb das gleiche Material. Er zeigt dem Kind einen Körper, und es sucht tastend in seinem zugedeckten Korb den gleichen Geometrischen Körper.

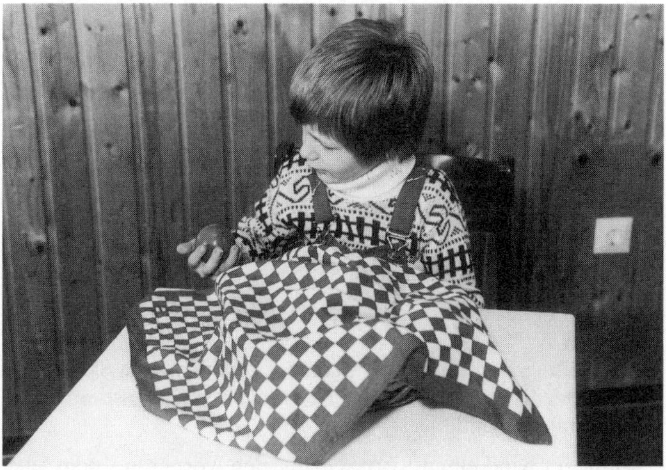

Abb. 14a

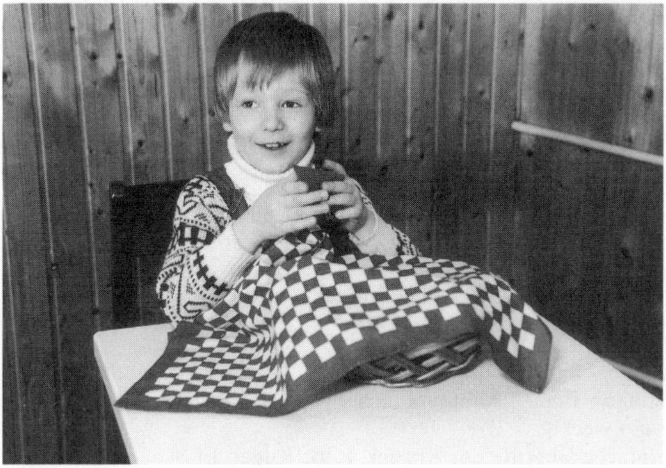

Abb. 14b

- Die Körper liegen in dem Korb. Das Kind hat die Augen verbunden. Der Heilpädagoge bietet dem Kind den Korb an. Es faßt hinein, holt einen Körper tastend heraus und sagt, ob er rollt oder kippt.
- Gedächtnisübung: Das Material ist doppelt vorhanden. Ein Korb mit Geometrischen Körpern steht im Nebenraum. Das Kind holt aus dem Korb, der auf dem Arbeitsplatz steht, einen Körper heraus und legt oder stellt ihn vor den Korb. Dann geht er in den Nebenraum und holt sich den gleichen dazu.
- Das Kind hat die Augen geschlossen. Der Heilpädagoge gibt ihm einen Körper. Das Kind betastet ihn und gibt ihn dem Heilpädagogen zurück, der ihn zwischen die anderen Körper legt. Das Kind öffnet nun die Augen und soll den Körper wiedererkennen.
- Das Kind sucht aus dem Korb zunächst alle Körper, die nur rollen; dann alle Körper, die nur stehen und schließlich die Körper, die rollen und stehen.

Spiele in der Gruppe:

- Einen Körper nach dem anderen auf den Tisch oder auf den Boden legen: „Das ist eine Kugel, . . .“
- Die Kinder auffordern, Gegenstände im Zimmer zu suchen bzw. zu benennen, die genau gleich oder ähnlich aussehen.
- „Wer kennt einen Gegenstand, der wie eine Kugel aussieht, aber nicht in unserem Zimmer ist?“
  Die Geometrischen Körper in einem geschlossenen Säckchen anbieten. Die Kinder sollen der Reihe nach durch Er-tasten einen Gegenstand erraten, benennen und die Merkmale aufzählen.
- Wenn ein Kind einen Körper errät, den Körper aus dem Säckchen holen und dem Kind in die Hand geben.
- Wenn alle Körper erraten und verteilt sind, ein gemeinsames Gebilde aus den Körpern bauen.
- Die Kinder nacheinander auffordern, zunächst diejenigen, die geradlinige Körper mit einer Standfläche haben, ihre Körper in die Tischmitte oder auf den Boden zu stellen: den Würfel, den Quader, die Pyramide, das Prisma mit dem Dreieck, das Prisma mit dem Viereck, . . .
- Dann die „krummlinigen“ Körper so anlegen oder aufstellen, daß sie nicht wegrollen: die Kugel, das Ei, das Ellipsoid, den Zylinder, den Kegel.

Wortlektionen:

rollen – kippen
Spitze – Ecke – Kante – Fläche
rund – eckig
einfache Begriffe der Körper, z. B. Kugel, Ei, Kegel, Würfel (Kubus)

Anwendung im täglichen Leben:

Das Kind aufmerksam machen auf Gegenstände des täglichen Lebens, die Geometrischen Körpern ähneln. Das Kind sucht, vergleicht und unterscheidet solche Gegenstände.

Würfel (Kubus)	Schachtel, Teedose
Zylinder	runde Tee- oder Kaffeedose
Kugel	Ball
Ellipsoid	Stopfei
Ei	Natur-Ei
Quader	Buch, Baustein
Pyramide	Modell herstellen. Die Grundfläche ist ein Viereck/Quadrat, dessen Endpunkte durch Kanten mit der Spitze verbunden sind.
Prisma	Baustein mit dreieckiger Grundfläche
Kegel	Zuckerhut, Eiswaffel-Tüte, Hütchen vom Hütchen-Spiel.

Die Formen der verschiedenen Körper mit dem Kind auf gegenständlichen Abbildungen im Lotto-Spiel, im Bilderbuch und in der näheren oder weiteren Umgebung suchen.

Auf zwei Arbeitsteppiche oder in zwei Gymnastikreifen je einen geometrischen Körper legen, z.B. eine Kugel und einen Quader. Das Kind sucht aus dem MONTESSORI-Material ähnliche Körper oder aus der Umgebung Gegenstände, die die gleiche Form haben:

z. B. Kugel = Ball, Wollknäuel
Quader = Kasten, Schachtel, Braune Treppe.

Es unterscheidet die Gegenstände, die rollen oder kippen und ordnet sie entsprechend.

Beim Modellieren aus Wachs oder Ton auf Gegenstände aufmerksam machen, die zu den Geometrischen Körpern gehören.

Einführung und Darbietung der Grundflächentäfelchen:

Die Einführung der Grundflächentäfelchen erfolgt erst dann, wenn das Kind die Geometrischen Körper kennt und erste Erfahrungen damit gemacht hat.

Der Heilpädagoge nimmt die Täfelchen aus dem Kasten und legt sie auf den Tisch. Er wählt einen Geometrischen Körper aus dem danebenstehenden Korb, vergleicht dessen Grundfläche/Unterseite mit den Grundflächentäfelchen und ordnet ihn zu.

So werden nacheinander alle Geometrischen Körper den Grundflächentäfelchen zugeordnet.

Drei Grundflächentäfelchen bleiben übrig, weil einige Körper verschiedene Grundflächen haben können.

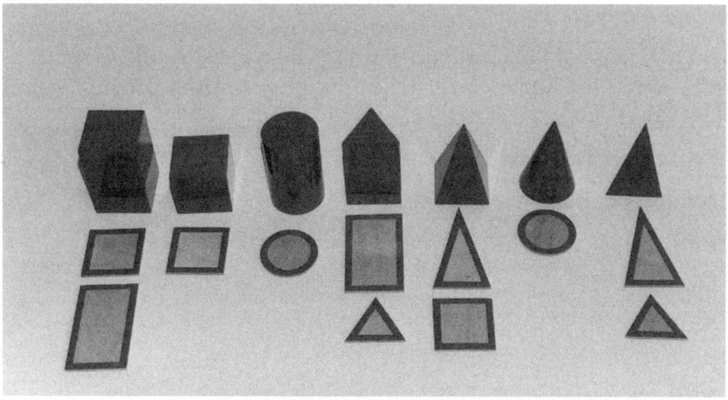

Abb. 14c

Sie werden den entsprechenden Körpern zusätzlich zugeordnet, z. B. zum Quader ein Rechteck-Täfelchen und ein quadratisches Täfelchen.

Fehlerkontrolle:

Das Grundflächentäfelchen und die Grundfläche des Körpers müssen übereinstimmen.

3.3.2.4 Material zur Unterscheidung von Oberflächen und Materialstrukturen

Tastbretter (rauh – glatt)

Material:

Ein Brett in der Größe 24 × 12 cm, das in zwei Quadrate aufgeteilt ist. Ein Quadrat ist mit Sandpapier überzogen, das andere ist glatt lackiert. Ein gleich großes Brett ist in neun Streifen aufgeteilt, die abwechselnd lackiert oder mit Sandpapier überzogen sind.

Lernziele:

Das Kind soll durch taktile Wahrnehmung die Gegensätze von rauh und glatt erfahren.

Der Tastsinn soll entwickelt und verfeinert werden. Es soll die Begriffe rauh und glatt kennenlernen.

Einführung und Darbietung:

Dem Kind wird das Tastbrett mit einer rauhen und einer glatten Oberfläche vorgelegt. Der Heilpädagoge zeigt dem Kind, wie die Oberfläche ertastet wird durch leichtes Streichen mit der Hand, durch Befühlen und Betasten mit den Fingern einer Hand von oben nach unten, zuerst über die rauhe und dann über die glatte Oberfläche.

Anschließend ertastet das Kind die Oberflächen.

Dann bietet der Heilpädagoge das Tastbrett mit den schmalen Taststreifen an. Bei dieser Übung fährt er mit Zeige- und Mittelfinger nacheinander auf der rauhen und dann auf der glatten Oberfläche entlang. Er beginnt an einem Ende des Brettes und führt die Tastbewegung von oben nach unten aus.

Hinweise für den Heilpädagogen:

Es empfiehlt sich, vor dieser Übung mit dem Kind die Hände zu waschen. Die Empfindsamkeit der Fingerspitzen wird durch warmes Wasser erhöht.

Fingerspiele, Reime und Verse, bei denen die Finger nur leicht Gegenstände berühren, motivieren und sensibilisieren das Kind für die Übung mit den Tastbrettern.

Das Erkennen der unterschiedlichen Beschaffenheit von Oberflächen kann durch kontrastreiches Material eingeführt werden, z. B. durch Betasten einer rauhen Reibeisenfläche und danach einer glatt lackierten Fläche.

Sie können dem Kind auch eine glatte Kastanie und dann die rauhe stachelige Hülle der Kastanie zeigen und behutsam nacheinander in die Hände legen.

Fehlerkontrolle:

Die unterschiedliche Beschaffenheit von rauher und glatter Oberfläche.

Übungsvorschläge:

- Das Kind ertastet durch leichte Berührung mit den Fingern einer Hand die Oberflächen rauh und glatt.
- Es sucht im Raum etwas Rauhes und etwas Glattes.
- Die Übung mit den Tastbrettern wird mit geschlossenen Augen durchgeführt.

Wortlektion:

rauh – glatt

1. Stufe:

Namengebung.
Der Heilpädagoge tastet mit geschlossenen Augen über die rauhe Fläche des ersten Brettes und sagt: „Rauh", dann über die glatte Fläche und sagt: „Glatt." Das wird einige Male wiederholt und schließlich vom Kind nachgeahmt – nachgesprochen.

2. Stufe:

Wiedererkennen.
„Zeig mir rauh, zeig mir glatt."

3. Stufe:

Benennen.
Der Heilpädagoge fragt das Kind: „Wie fühlt sich diese Fläche an?“ Das Kind antwortet: „Rauh.“

„Wie fühlt sich die andere Fläche an?“ – „Glatt.“

Anwendung im täglichen Leben:

Mit dem Kind in der näheren und erweiterten Umwelt suchen, was rauh, was glatt ist.

Tastbretter (grob – fein)

Material:

In einem Kasten sind fünf Paare Sandpapierbrettchen von unterschiedlich rauher Beschaffenheit in fünf Abstufungen.

Lernziele:

Das Kind soll durch taktile Wahrnehmung Gleichheiten, Gegensätze und Ähnlichkeiten von Oberflächenstrukturen erkennen.

Es soll gleiche Oberflächen ertasten und zuordnen.

Der Tastsinn soll entwickelt und verfeinert werden.

Das Kind soll die Begriffe grob und fein kennenlernen.

Einführung und Darbietung:

Die beiden Serien liegen getrennt auf dem Arbeitsplatz. Der Heilpädagoge nimmt aus einer Serie ein Brettchen, streicht leicht mit der Hand darüber und sucht durch Betasten das dazu passende gleiche aus der anderen Serie. Hat er es gefunden, legt er das Paar nebeneinander in die Mitte zwischen beide Serien. Durch Betasten ordnet er nun alle gleichen Brettchen paarweise darunter.

Bevor das Kind die Übung wiederholt, werden die beiden Serien der Tastbretter wieder gemischt und ausgelegt.

Hinweise für den Heilpädagogen:

Am besten beginnen Sie die Übung mit so vielen Sandpapier-Brettchen, wie das Kind erfassen und begreifen kann. Die Anzahl der Paare sollte auf das jeweilige Kind abgestimmt werden.

Beginnen Sie mit wenigen stark kontrastrierenden Oberflächen. Je nach Bewältigung der Aufgabe wird die Grundübung in kleinen überschaubaren Schritten weiter aufgebaut, bis das Kind schließlich alle Täfelchen zu Paaren ordnen kann.

Die Übung sollte dann mit geschlossenen Augen durchgeführt werden, weil sich die einzelnen Paare auch durch ihre Farbe unterscheiden.

Abb. 15

Fehlerkontrolle:

Sie geschieht durch taktile und visuelle Kontrolle.

Übungsvorschläge:

- Der Heilpädagoge nimmt eine Serie der Tastbretter und mischt sie. Dann sucht er das Tastbrettchen mit der gröbsten Oberfläche heraus und legt es vor das Kind hin. Es ordnet in abgestufter Reihe alle weiteren von grob bis fein.
- Eine Serie der Tastbretter liegt gemischt auf dem Tisch. Das Kind hat die Augen verbunden und soll das Brettchen mit der gröbsten Oberfläche heraussuchen. Dann das etwas feinere usw.
- Die Tastbretter einer Serie liegen auf dem Tisch. Im Nebenraum liegen die Brettchen der anderen Serie. Das Kind ertastet an seinem Tisch ein Brettchen, legt sich ein Zeichen daran und holt aus dem Nebenraum das mit der gleichen Oberfläche.
- Der Heilpädagoge nimmt ein Tastbrettchen, läßt vom Kind die Oberfläche ertasten und bittet es, ein Tastbrett zu holen, das feiner (gröber) ist.

Spiele in der Gruppe:

- Alle Tastbretter einer Serie werden an die Kinder verteilt.

Der Heilpädagoge hat die anderen auf einem Tisch ausgelegt. Nacheinander kommen die Kinder und suchen sich durch Betasten ihr dazu passendes heraus.

- Tastlotto:
  Auf acht bis zehn Feldern (oder mehr) sind unterschiedliche Oberflächenqualitäten, die mit geschlossenen Augen ertastet werden sollen. Das dazu passende Kärtchen wird aufgelegt.
- Zuordnungsspiel „Fische“:
  Mit den Kindern werden Paare von Fischen mit unterschiedlicher Oberflächenstruktur hergestellt, z. B. aus Filz, Teppich, Sandpapier, glattem Stoff, rauhem Stoff. Die Oberflächen werden von den Kindern beschrieben und später mit verbundenen Augen paarweise nach der Oberflächenstruktur geordnet.
- Tastzuordnungsspiel:
  Acht bis zehn Tastbeutelpaare werden mit verschiedenem Inhalt, z. B. Legostein, Perle, Stäbchen, Bauklotz versehen. In je zwei Beuteln sind gleiche Dinge. Alle Tastbeutelpaare werden in einen Korb gelegt oder an die Kinder verteilt. Die ertasteten Gegenstände sollen zu Paaren geordnet werden.

Wortlektion:

grob – fein
grob – gröber – am gröbsten
fein – feiner – am feinsten
gröber als – feiner als

Anwendung im täglichen Leben:

Das Kind wählt ein Brettchen und sucht etwas, was „gröber“ ist – was „feiner“ ist.

Kasten mit Stoffen

Material:

In einem Kasten sind eine Anzahl Stoffpaare aus verschiedenem Material, z. B. aus Baumwolle, Seide, Samt, Mohair, Cordsamt, Leinen, Spitze, Frottee.
Augenbinde.

Lernziele:

Das Kind soll durch optische und taktile Wahrnehmung Gleichheiten, Gegensätze und Ähnlichkeiten von Oberflächenstrukturen kennenlernen. Es soll seinen Tastsinn entwickeln und verfeinern. Es soll verschiedene Stoffarten erkennen, unterscheiden und gleiche Stoffarten einander zuordnen.

Einführung und Darbietung:

Der Kasten mit den Stoffpaaren steht auf dem Arbeitsplatz. Der Heilpädagoge zeigt dem Kind zwei Stoffe, die sich in der Struktur deutlich unterscheiden, z. B. Stoffläppchen aus Seide im Vergleich zu Stoffläppchen aus Wolle. Er legt dem Kind die beiden verschiedenen Stoffe nacheinander in die Hände, läßt sie mit Daumen und Zeigefinger befühlen und begreifen. Dann bittet er das Kind, aus den anderen Stoffarten das gleiche herauszusuchen und zeigt ihm, wie die Paare gelegt werden.

Nacheinander werden alle Stoffarten ertastet und zu Paaren gelegt.

Bevor das Kind die Übung durchführt, werden die Stoffe wieder gemischt.

Hinweise für den Heilpädagogen:

Zu Anfang empfiehlt es sich, mit zwei sehr unterschiedlichen Stofflappen das Kind in die Übung einzuführen.

Lassen Sie ihm genügend Zeit zum Ertasten und Befühlen.

Machen Sie das Kind auf seine eigene Kleidung aufmerksam – im Vergleich mit Ihrer Kleidung.

Betasten und befühlen Sie visuell und taktil die Kleidungsstücke, evtl. taktil schon mit geschlossenen Augen; das führt zu einer erhöhten Konzentration auf das Tastgefühl.

Berühren Sie mit verschiedenen kontrastreichen Stoffarten nacheinander Handrükken, Hand-Innenfläche und die Wange des Kindes.

Wenn es Ihnen vertraut, schließt es dabei die Augen.

Fehlerkontrolle:

Durch mehrmaligen Vergleich der Stofflappen mit Hilfe des Tastsinns – und visuell.

Übungsvorschläge:

- Wenn das Kind die Aufgabe verstanden hat, können drei Stoffpaare, die sich in ihrer Struktur deutlich unterscheiden, gemischt werden.

  Die zusammengehörigen Paare soll das Kind durch Tasten und Befühlen wieder herausfinden.
- Das Kind ordnet die Stoffpaare mit geschlossenen (verbundenen) Augen.
- Es legt Stoffarten zusammen, die sich ähnlich anfühlen.
- Das Kind nimmt eine Stoffart und sucht im Raum etwas Ähnliches.
- Es ordnet die Stoffe nach ihrer Webart.

Abb. 16

Spiele in der Gruppe:

- Die Kinder sitzen im Kreis um einen Tisch und schließen die Augen. Von jedem Stoffpaar wird ein Stoffstück an die Kinder verteilt. Die übrigen Stoffstücke werden auf dem Tisch in einem Körbchen angeboten. Die Kinder suchen aus dem Angebot das zu ihrem Stoffstückchen passende zweite Stoffstück heraus. Wenn das Körbchen leer ist, öffnen die Kinder die Augen und können an der Struktur und der Farbe der Stoffe erkennen, ob sie die zusammengehörigen Stücke durch Ertasten herausgefunden haben.
- Die Kinder ziehen eine Puppe an und unterscheiden die Kleidungsstücke, d. h. bezeichnen diese genau nach Material: Stoff-Schuhe, Leder-Schuhe, Woll-strümpfe, Woll-Kleid, Baumwoll-Kleid u. a.
- Die Kinder suchen alle weichen Kleidungsstücke bei sich selbst und den anderen und unterscheiden sie von harten.

Wortlektion:

Die Namen der Stoffarten, z. B. Seide, Wolle, Baumwolle, Frottee, Samt und Unterscheidungen nach Materialien wie Seide, Wolle, Baumwolle und Kunstfaser.

Namen von Eigenschaften der Stoffe:
glatte Stoffe – rauhe Stoffe

harte Stoffe – weiche Stoffe
dicke Stoffe – dünne Stoffe
grobes Gewebe – feines Gewebe
lockeres Gewebe – festes Gewebe

Anwendung im täglichen Leben:

Das Kind ordnet nach einem Waschtag die Waschlappen, Staubtücher, Küchentücher, Socken u. a. mehr. Es prüft und unterscheidet die Beschaffenheit der Stoffe: glatt – rauh, hart – weich, dick – dünn usw. Das Kind schaut und erfühlt, aus welchem Material seine Kleidungsstücke hergestellt sind.

Es weiß, aus welchem Material seine Kleidungsstücke hergestellt sein müssen, je nach Witterung in den verschiedenen Jahreszeiten. Es unterscheidet Sommer- und Winterkleidung nach Material.

Überraschungsbeutel

Material:

Ein Beutel oder Säckchen wird mit einigen Gegenständen gefüllt, z. B. mit einem kleinen Ball, einem Löffel, einem Bleistift, einem Schlüssel, einem Schuhriemen, einer Wäscheklammer, einem Flaschenöffner und einem Flaschenkorken.

Lernziele:

Das Kind soll einzelne Gegenstände durch taktile Wahrnehmung erkennen, von anderen unterscheiden und benennen.

Sein Tastsinn soll entwickelt und differenziert werden.

Sprach- und Begriffsbildung sollen entwickelt werden.

Konzentration und Gedächtnis sollen geschult werden.

Einführung und Darbietung:

Der Heilpädagoge zeigt dem Kind den geheimnisvollen Beutel. Darin sind viele (oder wenige) Dinge versteckt, die das Kind durch Ertasten erraten soll. „Das ist ein Überraschungsbeutel." Der Heilpädagoge zeigt mit viel Spannung, wie man langsam tastend die Gegenstände in dem verschlossenen geheimnisvollen Beutel befühlt und untersucht. Dann gibt er ihn dem erwartungsvollen Kind, das nun mit beiden Händen die Gegenstände ertastet und errät.

Hinweise für den Heilpädagogen:

In den Überraschungsbeutel werden nur die Gegenstände gesteckt, die das Kind kennt und leicht errät, z. B. Kamm, Schlüssel, Bleistift. Zu Beginn können Sie dem Kind auch die Gegenstände zeigen und benennen: „Das ist ein Schlüssel, das ist ein Bleistift, das ist ein Kamm." Gegenstände, die das Kind noch nicht kennt und die Sie jetzt neu einführen wollen, müssen näher erklärt werden: „Das ist . . .“; die Funktionen müssen dem Kind in anschaulich-einprägsamer Weise gezeigt werden: „Damit macht man so . . .“

Legen Sie dem Kind den „neuen“ Gegenstand in die Hände und lassen Sie es eine Zeitlang damit hantieren.

Wenn das Kind Namen und Funktionen der Gegenstände kennengelernt hat, werden Sie auf den Tisch oder in einen Korb gelegt: „Schau dir die drei Gegenstände noch einmal genau an. Da sind ein Schlüssel, ein Bleistift und ein Kamm. Darüber lege ich jetzt ein Tuch. Nun suche du durch Tasten den Schlüssel.“

Fehlerkontrolle:

Das Kind erkennt Fehler daran, daß nicht der erbetene Schlüssel zum Vorschein kommt, sondern der Kamm.

Der ertastete Gegenstand entspricht nicht dem Gegenstand, der geraten werden sollte.

Abb. 17

Übungsvorschläge:

- Das Kind mit verbundenen oder geschlossenen Augen einen Gegenstand aus dem Beutel herausholen lassen. Es soll feststellen, welchen Gegenstand es herausgeholt hat.

- Den Überraschungsbeutel bei jeder Übung mit anderen Gegenständen füllen, je nachdem, welches Lernziel im Augenblick verfolgt wird.
- Der Überraschungsbeutel kann mit ausgewählten Gegenständen aus dem Puppengeschirr, die man zum Essen braucht, gefüllt werden: Löffel, Gabel, Becher, Tasse, Teller usw. Die Gegenstände vom Kind durch Tasten erraten lassen.
- Weitere Gegenstände, die in den Überraschungsbeutel gegeben werden können: kleines Spielzeug, Haushalts- und Gartengeräte aus der Puppenstube; verschieden große Knöpfe, unterschiedliche Verschlüsse, z. B. Reißverschluß, Druckknöpfe, Haken und Ösen, Schuhriemen (Schnürsenkel); harte und weiche, kleine und große Bälle; unterschiedliche Formen, z. B. Kreis, Quadrat, Dreieck, u. a. mehr.

Spiele in der Gruppe:

- Einen großen, farblich ansprechenden Beutel, der mit verschiedenen Gegenständen gefüllt ist und den Kindern Überraschungen ankündigt, vor die Kinder hinstellen. Die Gegenstände von den Kindern ertasten, erraten, benennen und aus dem Beutel herausholen lassen.
- „Überraschungsgegenstände“ wählen, mit denen die Kinder gemeinsam etwas herstellen oder spielen können, z. B. verschiedene kleine Backformen. Die Kinder raten lassen, was man mit den vor ihnen liegenden Backformen gemeinsam tun kann: „Plätzchen backen!“ Anschließend mit den Kindern Plätzchen backen!
- In den Überraschungsbeutel z. B. Möbel aus der Puppenstube, die Utensilien eines Kaufladens, alle Kleidungsstücke einer Puppe, die Gebrauchsgegenstände für ein Bad (Seife, Schwamm, Bürste, Handtuch, Badethermometer) hineinpacken. Jeweils alle Gegenstände mit verbundenen oder geschlossenen Augen ertasten, erraten und aus dem Beutel holen lassen. Alle Gegenstände auf den Tisch oder auf den Boden stellen. Dann die Kinder die Augen öffnen lassen und beraten, was sie mit den jeweils vor ihnen liegenden Gegenständen spielen wollen.
- Für den Überraschungsbeutel können auch Gegenstände gewählt werden, die mit einem bestimmten Buchstaben beginnen, z. B. mit einem A. Die Kinder ertasten und erraten: Apfel, Apfelsine, den Buchstaben A, Auto, Anhänger u. a. mehr.

Wortlektion:

Das Kind lernt Namen und Funktionen der Gegenstände, die im Überraschungsbeutel sind, in der Dreistufenlektion.

3.3.2.5 Material zur Unterscheidung von Gewichten

Gewichtsbrettchen

Material:

Die Gewichtsbrettchen bestehen aus drei Sätzen von je zehn Holztäfelchen. Sie werden in einem Kasten mit drei Fächern aufbewahrt. Jeder Satz besteht aus einer anderen Holzart und hat daher ein unterschiedliches Gewicht und eine unterschiedliche Farbe.

Lernziele:

Das Kind soll Gewichtsunterschiede feststellen.

Es soll ein Gefühl für schwer und leicht entwickeln.

Es soll die Gegensätze leicht – schwer erkennen.

Einführung und Darbietung:

Die drei Serien der Brettchen liegen geordnet nach ihrem Gewicht auf dem Tisch. Der Heilpädagoge nimmt aus der leichten und aus der schweren Serie ein Brettchen heraus und legt es sich auf seine ausgestreckte linke und rechte Hand. In wiegender, lockerer Bewegung versucht er, das leichte und schwere Brettchen zu erspüren und stellt fest: „Das ist leicht, und das ist schwer!" Dann gibt er dem Kind die Brettchen, und es vergleicht ebenfalls in wiegender Bewegung leicht und schwer.

Durch das Auflegen mehrerer Brettchen wird der Gewichtsunterschied größer und deutlicher spürbar.

Jedes hinzukommende Brettchen wird dem Kind zuerst in die Hand gegeben, dann behutsam auf die Fingerspitzen gelegt.

Hinweise für den Heilpädagogen:

Die Begriffsunterscheidung leicht und schwer kann durch taktile Erfassung verschiedener Materialien und Gegenstände verdeutlicht werden. Legen Sie dem Kind zuerst einen schweren Gegenstand – z. B. einen Stein – in die Hand: „Der Stein ist schwer." Wenn es ihn lange genug gehalten und gewogen hat, geben Sie ihm einen leichten Gegenstand in die Hand – z. B. eine Feder: „Die Feder ist leicht."

Nach einigen ähnlichen Vorübungen legen Sie dem Kind mehrere schwere Täfelchen vorsichtig auf die Fingerspitzen einer Hand, dann auf die Fingerspitzen der anderen Hand ein leichtes Täfelchen. Das Kind wiegt sie und vergleicht das Gewicht.

Wenn das Kind ein Gespür für leicht und schwer entwickelt hat, können Sie die Anzahl der Täfelchen, die es ordnen soll, langsam steigern.

Das Kind kann die Brettchen auch durch die unterschiedliche Holzart unterscheiden. Zu Anfang wird die Übung deshalb mit offenen Augen durchgeführt.

Fehlerkontrolle:

Das Kind erkennt den Fehler beim Ordnen der Gewichtstäfelchen an der unterschiedlichen Farbe der verschiedenen Holzarten.

Übungsvorschläge:

- Dem Kind das Ordnen der Gewichtstäfelchen vom schwersten bis zum leichtesten zeigen: Die Täfelchen werden gemischt und sollen zunächst mit offenen, dann mit geschlossenen Augen durch Abwiegen auf den Fingerspitzen nach Gewicht sortiert werden.
- Wenn das Kind das Material erfaßt und die Aufgabe begriffen hat, erfolgt die Aufforderung: „Gib mir das schwerste Täfelchen, dann das leichteste!"
- Aus drei oder vier verschiedenen schweren Täfelchen das schwerste, dann das nächstschwere usw. herausfinden lassen: Die Täfelchen, nach Gewicht geordnet, auf den Tisch legen.

Abb. 18a

- Die Übungen können mit verbundenen oder geschlossenen Augen durchgeführt werden, wenn das Kind mit den Gewichtsabstufungen genügend vertraut ist und die Begriffe leicht, leichter, am leichtesten oder schwer, schwerer, am schwersten versteht.

- Einzelne Brettchen werden mit einer Waage gewogen, und das Kind vergleicht das Gewicht. Dabei legt es auf jede Waagschale ein Brettchen.

Abb. 18b

Spiele in der Gruppe:

- Alle Kinder suchen in ihrer näheren oder weiteren Umgebung, z. B. im Spielzimmer oder auf einem Spaziergang, einen schweren Gegenstand, den sie in einen Korb legen. Dann suchen sie leichte Gegenstände und legen sie in einen zweiten Korb. Die Kinder heben und tragen nacheinander den Korb mit den schweren und leichten Gegenständen.
- Die Kinder sitzen in einer Runde und überlegen, welche leichten und schweren Gegenstände ein Kind bzw. ein Erwachsener tragen kann und welche Gegenstände von mehreren Kindern oder mehreren Erwachsenen getragen werden müssen.
- Ratespiel: „Welches Tier kann leichte (schwere) Sachen tragen?"
- Erweiterung des Ratespiels: „Wer transportiert leichte (schwere) Gegenstände?"
- Jedes Kind nennt leichte und schwere Gegenstände, die ins Bad (in die Küche, ins Spielzimmer usw.) gehören.
- Die Kinder wiegen sich selbst und stellen fest, wer leichter, schwerer oder gleich schwer ist.

Wortlektion:

leicht – schwer
leicht – leichter – am leichtesten
schwer – schwerer – am schwersten
schwerer als – leichter als

Anwendung im täglichen Leben

Das Kind wiegt auf einer Waage verschiedene Gegenstände aus seiner Umgebung. Es ordnet sie nach den Begriffen: leicht, schwer, leichter, schwerer, gleich schwer . . .

Vor dem Backen eines Kuchens stellt das Kind die Zutaten zusammen und wiegt das erforderliche Mehl und den Zucker auf der Waage.

Es vergleicht die abgewogene Menge mit dem Markierungsmaß des Meßbechers.

Beim Einkaufen wählt das Kind die Obstsorten und vergleicht zu Hause das Gewicht eines Apfels mit dem Gewicht einer Banane oder Pflaume u. a. mehr.

In dem Fotobilderbuch: „Voll – leer, leicht – schwer" von T. Hoban, Reich-Verlag, werden u. a. die Begriffe schwer und leicht anschaulich dargestellt.

3.3.2.6 Material zur Unterscheidung von Geräuschen und Tönen

Geräuschdosen

Material:

Das Material besteht aus zwei Kästen mit je sechs Holzbüchsen, zylinderförmigen Behältern, sechs mit je einem roten Verschluß, sechs mit je einem blauen Verschluß – mit unterschiedlichem Material gefüllt.

Die Geräuschbüchsen sind paarweise nach Lautstärke geordnet. Das Kind soll die Geräusche vergleichen, die beim Schütteln entstehen und sie zuordnen.

Die „materialistische Abstraktion" des Sinnesmaterials, das „Greifbarmachen" der Geräusche durch die Geräuschbüchsen gibt dem Kind die Möglichkeit, neben dem Sehen und Hören über einen weiteren Sinneseindruck die Geräusche auch zu erfassen.

Lernziele:

Das Kind soll Geräusche wahrnehmen, erkennen und unterscheiden.

Es soll Töne wahrnehmen und nach Klangfarbe und Tonhöhe erkennen und unterscheiden.

Es soll die Begriffe leise und laut unterscheiden.

Das Kind soll zunehmend differenziert Geräuschunterschiede wahrnehmen.

Einführung und Darbietung:

Die Geräuschdosen einer Serie werden nacheinander aus dem Kasten genommen und vor das Kind auf den Tisch gestellt. Der Heilpädagoge nimmt eine Dose, schüttelt sie auf und ab und hört aufmerksam auf das Geräusch.

Dann nimmt er die Büchsen aus dem anderen Kasten dazu. Die Dosen mit den roten Deckeln stehen auf der einen Seite des Tisches zusammen und die Dosen mit den blauen Deckeln auf der anderen Seite.

Der Heilpädagoge nimmt nun von jeder Serie eine Dose in die Hand. Er vergleicht durch wechselseitiges Schütteln die Geräusche miteinander. Stimmen die Geräusche nicht überein, stellt er die zuletzt geholte Dose etwas abseits von den anderen gleichfarbigen wieder zurück und holt eine andere zum Vergleich. So probiert er alle Geräuschdosen durch, bis die gleichklingenden paarweise geordnet sind.

Der Heilpädagoge ermuntert das Kind, die Übung zu wiederholen. Er mischt die Büchsen und bringt sie in die Ausgangsstellung zurück. Das Kind wiederholt die Übung, und jetzt schaut der Heilpädagoge aufmerksam zu.

Abb. 19

Hinweise für den Heilpädagogen:

Wichtig ist bei den Übungen mit den Geräuschdosen, daß mit ganz wenigen untereinander kontrastierenden Reizen begonnen und dann mit immer feiner und weniger merkbar werdender Abstufung gearbeitet wird.

Beginnen Sie mit zwei Kontrasten. Nehmen Sie aus einer Serie die Büchse mit dem lautesten Geräusch und aus der anderen Serie die Büchse mit dem leisesten Geräusch. Verdeutlichen Sie dem Kind die unterschiedlichen Geräusche. Lassen Sie sich Zeit, bis das Kind aufmerksam auf die Geräusche hört. Dann stellen Sie die Büchse mit dem leisesten Geräusch zurück und nehmen beide Büchsen mit dem lautesten Geräusch. Machen Sie jetzt dem Kind die Gleichheit der Geräusche deutlich.

Die Anzahl der Büchsen bei der Abstufung richtet sich nach der Fähigkeit und dem Interesse des Kindes.

Fehlerkontrolle:

Sie geschieht durch das akustische Vergleich ... osen. Sind die Paare auf den Standflächen der Dosen mit glei ... ennzeichnet, findet das Kind Fehler dadurch, daß die Farben de ... stimmen.

Übungsvorschläge:

- Das Kind auffordern, aus dem Kasten die lauteste Dose ... leiseste.
- Die Geräuschdosen mit blauem Verschluß auf einen Tisc... dann die zweiten Tisch die Geräuschdosen mit rotem Verschluß. Das K... Dose, horcht, merkt sich das Geräusch und holt vom zweiten Tisc... einen dasselbe Geräusch macht. ... eine
- Das Kind auffordern, die Dose zu holen, die leisere (lautere) Geräusche ... die die Dose, die es zuvor geschüttelt hat.
- Das Kind ordnet alle Geräuschdosen von laut bis leise.
- Das Kind ordnet alle Geräuschdosen von leise bis laut.
- Die Dosen eines Kastens sind von laut bis leise (oder leise bis laut) geordnet. Der Heilpädagoge vertauscht zwei Dosen. Das Kind soll den Fehler finden und die Reihe wieder richtig ordnen.

Spiele in der Gruppe:

- Alle Geräuschdosen eines Kastens werden an die Kinder verteilt. Der Heilpädagoge hat den anderen Kasten, nimmt eine Dose und schüttelt sie. Das Kind mit der geräuschgleichen Dose bringt sie und stellt beide zusammen.
- Alle Geräuschdosen mit rotem Verschluß an die Kinder verteilen. Die Geräuschdosen mit blauem Verschluß auf den Tisch stellen. Die Kinder schütteln nacheinander ihre Dose und suchen die dazugehörige, gleichklingende, damit ein Paar entsteht.
- Die Kinder hören mit geschlossenen (verbundenen) Augen die Geräusche an und versuchen, das leiseste und das lauteste Geräusch herauszufinden und zu bestimmen.
- Die Geräuschdosen eines Kastens an die Kinder verteilen. Das Kind mit dem leisesten Geräusch stellt sich hin. Dann stellt sich das Kind mit dem nächstlauteren Geräusch daneben. Die Reihe wird fortgesetzt, bis zur lautesten Dose.
- Die Begriffe leise und laut nach entsprechender Einübung auf Gegenstände übertragen: „Mit welchem Gegenstand kann man laute, mit welchem Gegenstand kann man leise Geräusche hervorbringen?" (Behälter bereitstellen für Gegenstände, die laute und für Gegenstände, die leise Geräusche machen).
- Übertragung der Begriffe leise und laut auf die Bewegung:

  gehen:
  leise – Zehenspitzengang

la ...schiedene Gegenstände klopfen
k ...erschiedene Gegenstände klopfen
l...
...atschen
klatschen

...g der Begriffe leise und laut auf die Stimme, z. B. Tierstimmen ...n.

...ndern die Möglichkeit geben, leise und laute Geräusche zu „erfinden" und ...deren Kinder leise und laut unterscheiden lassen.

... Kinder leise beim Namen nennen. Hat der Angesprochene seinen Namen ...hört, antwortet er ebenso leise darauf: „Ja, hier bin ich," und übernimmt z. B. die Rolle des Spielleiters.

Wortlektion:

laut – leise

Anwendung im täglichen Leben:

Die Entwicklung des Gehörsinns beginnt beim Kind durch die menschliche Ansprache, mit dem Aufbau der akustischen Konzentration, mit der Bereitschaft zur Sinneswahrnehmung. Die Geräusche und Töne aus der näheren und weiteren Umgebung werden mit dem Kind bewußt wahrgenommen.

Maria Montessori geht bei der Entwicklung des Gehörsinns von der Stille aus, die in der Unbeweglichkeit ihren Ausgangspunkt hat. Allein Bewegung verursacht Töne und Geräusche.

Dem Kind sollten im alltäglichen Leben Zeiten der Stille ebenso eingeräumt werden wie Zeiten der Töne und Geräusche.

Die „stille" Atmosphäre darf nicht krampfhaft gesucht und spannungsgeladen sein. Sie kann mit dem Kind vorbereitet werden durch Anzünden einer Kerze, entspanntes Hören eines Musikstückes, durch gemeinsames Musizieren; durch lautes und leises Spielen von Musikinstrumenten.

Mit dem Kind hören – horchen auf Geräusche in der Natur: Vogelzwitschern, Wasserplätschern, Rauschen des Regens, Wehen des Windes, Brausen des Meeres; sehr leisen Tierstimmen nachgehen und diese unterscheiden von lautem Gebrüll der Tiere, z. B. auch bei einem Zoobesuch.

Die Möglichkeiten der menschlichen Stimme mit dem Kind durchspielen.

3.3.2.7 Material zur Unterscheidung von Gerüchen

Geruchsdosen

Material:

Das Material besteht aus zwei Kästen mit je sechs Dosen. Sie sind mit stark riechenden Stoffen gefüllt, z. B. mit Kaffee, Kakao, Tee, Gewürzen wie Gewürznelken, Zimt, Anis. Die beiden Kästen sind inhaltlich gleich gefüllt, so daß zwei Dosen einander entsprechen.

Lernziele:

Das Kind soll seinen Geruchssinn entwickeln und unterschiedliche Gerüche wahrnehmen und kennenlernen. Es soll Gerüche benennen können und mit dem entsprechenden Material verbinden.

Einführung und Darbietung:

Die Kästen mit den Geruchsdosen stehen auf dem Tisch oder auf dem Arbeitsteppich. Der Heilpädagoge nimmt alle Dosen aus einem Kasten heraus, schraubt die Deckel ab und legt sie neben die Dosen.

Dann nimmt er eine Dose in die Hand und zeigt dem Kind sehr anschaulich, wie man durch langsames Einatmen durch die Nase daran riecht. Das Kind wiederholt die Geruchsübung. Danach riecht es an allen anderen Dosen.

Nun werden die Dosen aus dem zweiten Kasten dazugenommen. Von jeder Serie nimmt der Heilpädagoge eine Dose und riecht daran. Er vergleicht die Gerüche und läßt das Kind auch riechen und vergleichen. Wenn der Geruch nicht gleich ist, wird die Dose etwas abseits gestellt und unter den anderen Dosen die passende Dose gesucht. Ist die Dose mit dem gleichen Geruch gefunden, wird das erste gleichriechende Dosenpaar auf die Tischmitte gestellt.

So werden nach und nach die passenden Dosen paarweise nebeneinandergestellt.

Abb. 20

Hinweise für den Heilpädagogen:

Als Vorübung und zur Bewußtmachung des Geruchssinns können Sie mit dem Kind unterschiedliche Gerüche wahrnehmen, z. B. duftende Blumen, Räucherstäbchen bzw. -kerzen, duftende Seife, Handcreme, ein Reinigungsbad mit Zusatzkräutern, Körperspray und Kölnisch Wasser (Parfum); Küchendüfte verschiedenster Art, z. B. wohlriechende Düfte im Gegensatz zu schlechten Gerüchen verbrannter und verdorbener Speisen, Fischgeruch im Unterschied zum Geruch von frisch gebackenem Brot u. a. mehr.

Bei der Einführung der Geruchsdosen beginnen Sie am besten mit zwei unterschiedlichen, kontrastreichen Gerüchen, und nehmen Sie erst weitere dazu, wenn das Kind die Übung verstanden hat.

Beim Aufräumen zeigen Sie dem Kind, welcher Deckel zu welcher Dose gehört. Am besten kennzeichnen Sie die Dosen und Deckel, damit die Deckel nicht vertauscht werden. Dadurch bleibt jeder Geruch möglichst lange erhalten.

Fehlerkontrolle:

Das Kind kontrolliert selbst, ob es die Dosen mit dem jeweils gleichen Geruch (Duft) herausgefunden hat, wenn die zusammengehörigen Paare durch gleichfarbige Punkte auf der Standfläche gekennzeichnet sind.

Übungsvorschläge:

- Mit geschlossenen oder verbundenen Augen die Riechdosen mit dem gleichen Riechstoff herausfinden und nebeneinanderstellen.
- Gedächtnisspiel:
  Die Dosen eines Kastens stehen im Nebenraum auf dem Tisch. Das Kind nimmt eine Dose seines Kastens, riecht daran, stellt sie etwas abseits von den anderen Dosen, merkt sich den Geruch und holt aus dem Nebenraum die gleichriechende Dose.

Spiele in der Gruppe:

- Die Kinder sitzen im Kreis, jedes Kind erhält eine Riechdose, die jeweils dazugehörige Zweitdose steht auf dem Tisch oder auf dem Boden.

  Jedes Kind öffnet seine Geruchsdose und versucht herauszufinden, welches Gewürz oder welche Teesorte es riecht.

  Danach werden die Kinder aufgefordert, die auf dem Tisch stehende gleichriechende Dose zu suchen und zu holen.
- Alle Geruchsdosen werden verteilt. „Wer gibt mir bitte den Orangentee?“ usw.

Wortlektion:

Das Kind lernt die Namen der Doseninhalte, z.B. Kaffee, Kakao u.a. mehr.

Anwendung im täglichen Leben:

Mit dem Kind vor den Übungen die Geruchsdosen füllen. Eventuell die Kaffee-, Tee-, Gewürzsorten gemeinsam einkaufen und in den entsprechenden Fachgeschäften die Düfte aussuchen, die das Kind gern wahrnimmt.

Mit dem Kind auf Entdeckungsreise gehen, d. h. Gerüche zu Hause und auf der Straße wahrnehmen und bestimmen. Wie riecht es im Blumenladen, beim Bäcker, im Stall, an der Tankstelle, im Krankenhaus, im Schwimmbad?

Angenehme, unangenehme und gefährliche Gerüche unterscheiden lernen, z. B. Blumendüfte von verfaulten Blumenstengeln; verbrannte Speisen von frisch zubereiteten, Feuer wahrnehmen, brennendes Holz im Kamin, das Osterfeuer.

Auf dem gemeinsamen Spaziergang unterschiedliche Kräuter sammeln, trocknen und Tee kochen.

Die Gerüche aus den Dosen draußen wiedererkennen.

3.3.2.8 Material zur Unterscheidung von Geschmacksqualitäten

Geschmacksgläser

Material:

Zum Material gehören acht Gläschen, von denen je zwei die gleiche Flüssigkeit enthalten:
süß – Zuckerwasser
sauer – Zitronenwasser
salzig – Salzwasser
bitter – Myrrhelösung
dazu gehören acht Pipetten und kleine Löffel.

Lernziele:

Das Kind soll den Geschmackssinn verfeinern durch Kennenlernen verschiedener Geschmacksstoffe und Nahrungsmittel.

Das Kind soll Nahrungsmittel am Geschmack unterscheiden und benennen.

Es soll Geschmack und Begriff richtig verbinden.

Es soll Nahrungsmittel mit gleicher Geschmacksrichtung einander zuordnen.

Einführung und Darbietung:

Die Geschmacksgläser stehen vor dem Kind auf dem Tisch. Der Heilpädagoge stellt die vier verschiedenen Geschmacksrichtungen zusammen: süß, sauer, salzig, bitter. In je zwei Gläschen wird die gleiche Flüssigkeit gefüllt. Das Kind schaut aufmerksam zu. Dann nimmt der Heilpädagoge ein Gläschen, zeigt dem Kind, wie man mit der

Pipette einige Tropfen aus dem Glas nimmt und auf den Teelöffel tropfen läßt. Das Kind probiert. Dann nimmt er ein anderes Gläschen und verfährt genauso. Das Kind kostet und merkt, daß diese Tropfen ganz anders schmecken.

Wenn alle Geschmacksrichtungen probiert sind, wird herausgefunden, in welchen Gläschen der Inhalt gleich schmeckt. Diese werden nebeneinandergestellt.

Hinweise für den Heilpädagogen:

Zur Vorbereitung auf diese Geschmacksübung können Sie mit dem Kind die vier verschiedenen Geschmacksqualitäten einkaufen: Zucker, Salz, Essig, Zitrone, Myrrhe, evtl. auch gemeinsam die Lösung für die vier Geschmacksgläser herstellen.

Beim Kaufladen-Spiel in einer vorherigen HPÜ kann auf das optische Angebot und auf den Ein- und Verkauf von Lebensmitteln verschiedener Geschmacksrichtungen im Rollenspiel hingewiesen werden: Zucker, Salz, Mehl, Backpulver, Vanillezucker, Stärke, Grieß, Reis, Zitrone, Apfelsine u. a. mehr.

Die Übung mit den Geschmacksgläschen sollte mit einer Geschmacksqualität beginnen, die das Kind schon kennt. Eventuell kann zur Einführung ein etwas größeres Gefäß genommen werden, aus dem das Kind mit einem Löffel probiert. Die Hantierung mit der Pipette muß dem Kind zuerst gezeigt werden, weil der Umgang mit einer Pipette ungewohnt ist.

Fehlerkontrolle:

Die einzelnen Paare der Geschmacksgläschen können auf der Unterseite mit verschiedenfarbigen Punkten versehen werden. Das Kind erkennt, neben dem nochmaligen Probieren und Vergleichen der Flüssigkeit, auch an den Punkten, ob es die Geschmacksgläschen richtig zugeordnet hat.

Übungsvorschläge:

- Dem Kind etwas Flüssigkeit auf die Zunge geben. Nach genügend langem Probieren soll das Kind bestimmen, ob die Flüssigkeit süß, sauer, salzig oder bitter ist.

Spiele in der Gruppe:

- Mit den Kindern im Rollenspiel Ein- und Verkaufen spielen. Den Kaufladen aus alten Kisten und Kartons aufbauen und die angebotene Ware in Glasbehältern, optisch wahrnehmbar, ausstellen.
- Die Rollen des Ein- und Verkäufers von den Kindern bestimmen lassen.
- Auf das Warenangebot bezüglich verschiedenster Geschmacksrichtungen, die die Kinder kennen und unterscheiden, achten.
- Mit den Kindern eine Teestube oder ein Café einrichten, in dem die unterschiedlichsten Geschmacksrichtungen angeboten werden, die die Kinder unterscheiden und feststellen sollen.
- Nach gemeinsamem Einkauf der dafür notwendigen Zutaten erfolgt die gemeinsame Zubereitung eines Getränkes oder einer Süßspeise.

Wortlektion:

Die verschiedenen Geschmacksbegriffe werden in der Dreistufenlektion angeboten.

Anwendung im täglichen Leben:

Bei der täglichen Nahrungsaufnahme auf Geschmacksqualitäten und -unterschiede aufmerksam machen, z. B. bei Brotsorten, verschiedenem Obst: „Wie schmeckt das?" Die vier Geschmacksqualitäten, die das Kind in der Übung kennengelernt hat, bei Nahrungsmitteln feststellen lassen.

3.3.2.9 Material zur Unterscheidung von Wärmequalitäten

Wärmekrüge, Temperaturplatten

Material:

Wärmekrüge: Zwei Kästen mit acht metallenen Krügen, gefüllt mit verschieden temperiertem Wasser, z. B. 16 °C, 26 °C, 36 °C, 46 °C. Jede Temperatur ist zweimal vorhanden, d. h. in jedem Kasten sind vier Krüge mit jeweils verschieden temperiertem Wasser.

Temperaturplatten: Ein Kasten mit verschiedenen Materialien: jeweils zwei Holzbrettchen, zwei Metallstreifen, zwei Steinplatten und zwei Filzstreifen.

Lernziele:

Das Kind soll Temperaturunterschiede wahrnehmen und erkennen. Es soll die Wärmeleitfähigkeit verschiedener Materialien unterscheiden: Holz, Metall, Stein und Filz.

Es soll die Begriffe heiß, warm, kalt unterscheiden.

Einführung und Darbietung:

Wärmekrüge: Die Krüge mit unterschiedlich temperiertem Wasser stehen in zwei Gruppen auf dem Tisch. Der Heilpädagoge lenkt die Aufmerksamkeit des Kindes auf die Krüge. Dann nimmt er den heißesten Wärmekrug, umfaßt ihn mit beiden Händen, gibt ihn dann an das Kind weiter und sagt: „Das ist heiß!" Zum Vergleich holt er den kalten Wärmekrug, verfährt genauso und sagt: „Das ist kalt!" Das Kind nimmt einen Krug nach dem anderen, umfaßt ihn und erfährt die Temperaturunterschiede heiß und kalt. Da jede Temperatur doppelt vorhanden ist, werden die beiden anderen Temperaturen lau und warm in gleicher Weise angeboten und die Krüge mit der gleichen Temperatur zu Paaren zusammengestellt.

Das Wasser kühlt schnell ab, daher kann die Übung nur kurze Zeit angeboten werden. Die Wortlektion ist mit der Einführung verbunden.

Temperaturplatten: Der Kasten mit den Temperaturplatten wird auf den Tisch gestellt. Sonst steht nichts auf dem Tisch. Der Heilpädagoge nimmt die Platten aus dem Kasten und ordnet sie auf dem Tisch: rechts liegen je ein Holzbrettchen, ein Metallstreifen, eine Steinplatte und ein Filzstreifen, links die vier dazugehörigen gleichen Materialien.

Der Heilpädagoge nimmt betont langsam die Steinplatte und legt sie sich auf die ausgestreckte Hand: „Die Steinplatte ist kalt." Er legt sie nun dem Kind auf die Hand. Genauso verfährt er mit dem Holzbrettchen und fordert das Kind zum Vergleich auf. Damit verbindet der Heilpädagoge die Benennung der Temperatur: „Das Holzbrettchen ist warm – lau." Die Übung wird in der Dreistufenlektion durchgeführt. Der Metallstreifen und der Filzstreifen werden in gleicher Weise angeboten. Die Übung der Paarung gelingt nicht immer, weil die Temperatur von Material und Hand sich angleichen und der Vergleich mit dem weiteren Material beeinflußt wird. Deshalb wird die Temperatur benannt. Die Benennung der Temperatur erfolgt nach dem eigenen Eindruck.

Hinweise für den Heilpädagogen:

Um dem Kind die Begriffe warm und kalt zu vermitteln, können Sie Spiele im Wasser anbieten: mit dem Kind die Hände abwechselnd in ein warmes und kaltes Wasserbad tauchen: „Das Wasser ist warm – das Wasser ist kalt."

Das heiße Wasser in dem Wärmekrug sollte 46 °C nicht übersteigen. Am besten füllen Sie die Krüge mit dem unterschiedlich temperierten Wasser in Anwesenheit des Kindes direkt vor der Übung.

Beginnen Sie mit den größten Wärmeunterschieden heiß und kalt, die das Kind aber auf gar keinen Fall erschrecken dürfen.

Fehlerkontrolle:

Die Behälter mit gleichen Temperaturen können mit gleichfarbigen Punkten gekennzeichnet werden.

Die Temperaturplatten werden noch einmal verglichen.

Übungsvorschläge:

- Das Kind bildet aus den Wärmekrügen eine Reihe von heiß bis kalt.
- Es stellt mit geschlossenen (verbundenen) Augen die Krüge mit derselben Temperatur nebeneinander.
- Das Kind sucht aus verschieden temperierten Krügen den wärmsten und den kältesten heraus.
- Es ordnet die Temperaturplatten von warm bis kalt.
- Die Paarung der gleichen Materialien wird mit verbundenen Augen durchgeführt.
- Aus den Temperaturplatten die wärmste und die kälteste heraussuchen.

Spiele in der Gruppe:

- Ein Temperatur-Lotto-Spiel mit den Kindern herstellen:

Gegenstände, die offensichtlich kalt und warm, d. h. verschiedene Temperaturen anzeigen, z. B. Schnee, Eiszapfen, Eiswürfel, Schlitten, Schlittschuhe, Schneemann, Eisfläche, Speiseeis u. a.

- Bügeleisen, brennende Kerze, Lampe (elektrische Birne), Ofen, Heizung, Feuer, dampfende Suppe, Wollmütze, Wollschal, u. a. in Katalogen suchen, ausschneiden und auf verschiedene gleich große weiße Kartonblätter kleben. Die Gegenstände können auch von den Kindern auf den Karton gemalt werden. Jeder Gegenstand muß zweimal vorhanden sein.

Die Gegenstände werden – je nach Fähigkeit der Kinder drei, sechs oder neun – auf eine „Temperatur-Karte" geklebt oder gemalt, und zu jeder Abbildung wird ein entsprechendes Temperaturkärtchen hergestellt.

- Vor jedes Kind eine „Temperatur-Karte" legen. Die dazugehörigen Kärtchen mischen und in die Tischmitte legen. Der Spielleiter fängt an: „Zu wem gehört . . .?"
- Die Spielregel kann beliebig verändert werden, z. B.: Alle Kärtchen verteilen und die Kinder auffordern, die warmen oder wärmenden Gegenstände zu suchen und die entsprechenden Kärtchen in ein Schälchen zu legen. Danach die „kalten" Gegenstände suchen und die entsprechenden Kärtchen in ein zweites Schälchen legen.

Wortlektion:

heiß – kalt
lau – warm
heiß – heißer – am heißesten
kalt – kälter – am kältesten
kälter als – heißer als
Namen der Materialien:
Holz, Metall, Stein, Filz.

Anwendung im täglichen Leben:

Die Unterscheidung von Wärmequalitäten wird beim Baden, Duschen, Zähneputzen, beim An- und Ausziehen bewußtgemacht und vom Kind wahrgenommen.

Die Temperaturen von drinnen und draußen im Sommer, Herbst, Winter, Frühling werden in Verbindung mit der unterschiedlichen Kleidung verglichen und am Thermometer abgelesen.

Beim Essen und Trinken erkennt das Kind heiße und kalte Gerichte und unterscheidet sie.

Die Differenzierung der Wahrnehmung von Temperaturunterschieden hilft ihm bei der Wahl der Kleidung.

3.3.3 Übungen mit dem Mathematischen Material

3.3.3.1 Einführung in den Zahlenraum von 0–10

Numerische Stangen (Blau-Rote Stangen) mit Zahlenbrettchen

Material:

Zehn hölzerne Stangen von 10 cm – 100 cm Länge. Sie entsprechen in Umfang und Länge den „Roten Stangen". Sie unterscheiden sich durch die abwechselnd roten und blauen Abschnitte von je 10 cm Länge. Die kürzeste Stange ist rot.

Die Ziffern von 1–10 auf Holzbrettchen in entsprechendem Kästchen werden den Blau-Roten Stangen zugeordnet.

Lernziele:

Das Kind soll erfassen, daß jede Zahl durch eine entsprechende Stange dargestellt ist.

Es soll die Namen und die Reihenfolge der Zahlen von 1–10 kennenlernen.

Durch die Zahlenbrettchen werden Menge und Symbol verbunden: das Kind soll einer Menge das entsprechende Symbol - die Zahl - zuordnen.

Einführung und Darbietung:

Die Stangen liegen ungeordnet auf dem Teppich. Der Heilpädagoge bittet das Kind, die Stangen in der Ordnung zu legen, die es bei den Roten Stangen kennengelernt hat.

Zur Einführung des Zählens werden nur die drei ersten Stangen benötigt. Die anderen liegen geordnet am oberen Rand des Teppichs. Der Heilpädagoge nimmt die kürzeste Stange, streicht mit der rechten Hand über die Länge der Stange und sagt: „Das ist eins!" Er reicht dem Kind die Stange und fordert es auf, das gleiche zu tun und den Namen der Zahl zu sagen: „Eins!" Das ist die erste Stufe der Namenslektion.

Dann nimmt er die zweite Stange, berührt beide Abschnitte mit der Hand und zählt: „Eins, zwei!" Das Kind nimmt die Stange, wiederholt die Übung und legt sie dann parallel zur ersten Stange. Die dritte Stange wird in gleicher Weise eingeführt.

Bei jeder Stange beginnt man von eins an zu zählen und berührt einen Abschnitt nach dem anderen.

Nach der ersten Stufe der Benennung folgt nun die zweite Stufe der Namenslektion: Die Stangen werden gemischt und das Kind wird gebeten, die Stange Eins, Zwei oder Drei zu suchen und dem Heilpädagogen zu geben. Dabei ist es wichtig, daß das Kind immer wieder die einzelnen Abschnitte der jeweiligen Stange zählt, auch wenn es auf den ersten Blick die Anzahl der Abschnitte erkennt.

Diese zweite Stufe wird mit dem Kind intensiv geübt.

Bereitet es dem Kind keine Mühe mehr, die richtige Stange herauszusuchen, kann zur dritten Stufe der Namenslektion übergegangen werden.

Der Heilpädagoge nimmt eine Stange und fordert das Kind auf, die Abschnitte zu zählen und zu sagen, welche Stange es hat: Eins, Zwei oder Drei.

Vor Beendigung der Übung werden die drei Stangen wieder zu den übrigen gelegt und die geschlossene Ordnung wieder hergestellt. Bei weiteren Übungen werden nach und nach auch die anderen Stangen eingeführt und benannt.

Hinweise für den Heilpädagogen:

Die Einführung der Stangen sollte, wie alle Übungen, in kleinen Schritten erfolgen. Beginnen Sie mit zwei, höchstens drei Stangen. Die restlichen Stangen werden aus dem Blickfeld des Kindes gelegt, damit es dadurch nicht abgelenkt wird.

Bevor neue Stangen dazugenommen werden, sollten die ersten vertraut sein.

Fehlerkontrolle:

Sie erfolgt durch den Heilpädagogen.

Übungsvorschläge:

- Die Stangen liegen ungeordnet auf dem Teppich. Das Kind zählt die Abschnitte und legt sie in der richtigen Zahlenfolge.

Abb. 21a

- Von den Stangen eine herausgreifen und vom Kind die Felder zählen lassen.
- Eine Stange nehmen und das Kind bitten, die Stange zu suchen, die danach (davor) kommt.
- Zu den Stangen die jeweilige Menge an Muggelsteinen, Chips oder Bauklötzen legen.

- Das Kind nimmt eine Stange und zählt nur die roten (blauen) Abschnitte.
- Die längste Stange (10) auf den Arbeitsteppich legen: Das Kind ordnet alle weiteren bis zur kleinsten.
- Die 10er Stange wird vor das Kind gelegt. Darunter liegt parallel die 9er Stange, und das Kind ergänzt mit der 1 auf 10.
  Weitere Kombinationen sind: 8 + 2, 7 + 3, 6 + 4.
- Nachdem die Sandpapierziffern eingeführt sind, werden die Zahlenbrettchen dazugenommen.

Abb. 21b

- Alle Stangen werden in der richtigen Reihenfolge auf den Teppich gelegt und jeder Stange das dazugehörige Zahlenbrettchen zugeordnet.
  Dem Kind wird erklärt, daß die Anzahl der Abschnitte der Zahl auf dem Brettchen entspricht.
- Die Stangen liegen ungeordnet und das Kind legt die Zahlenbrettchen dazu, so wie sie der Stangen-Ziffer entsprechen.
- Die Zahlenbrettchen liegen in der richtigen Reihenfolge, und das Kind sucht die entsprechende Stange.

Spiele in der Gruppe:

- Alle Stäbe werden an die Kinder verteilt.

  Wer Stab „1“ hat, legt ihn auf den Teppich. Das Kind, das Stab „2“ hat, soll ihn bringen. So werden die Stäbe in der richtigen Reihenfolge von den Kindern auf den Boden gelegt.
- Alle Stäbe an die Kinder austeilen. Sie sollen schnell eine Reihe von 1 bis 10 bilden.

- Der Heilpädagoge oder Spielleiter ruft das Kind mit dem Stab „3“ zu sich: „Stab 3 kommt heraus!“ Und dann fordert er alle Kinder auf: „Macht eine Reihe, richtet euch nach der 3 aus.“
- Alle Stäbe oder Ziffern austeilen. Jedes Kind soll sich seinen Nachbarn suchen, den kleineren oder den größeren.
- Die Kinder hängen Zahlen, evtl. in verschiedenen Farben, auf Pappe gemalt oder geklebt, um den Hals: „Mein rechter Platz ist leer, ich wünsche mir das Kind mit der Zahl 1 (2,3 usw.) her.“
- Gesellschaftsspiel: Die böse Sieben. Jedes Kind nennt eine Zahl, mit 1 wird begonnen: 1, 2, 3, 4, 5, 6; die Zahl 7 darf nicht genannt werden, statt dessen wird ein vorher verabredetes Zeichen oder ein Laut, z. B. „brrr“ eingesetzt. Wer einen Fehler macht, muß ein Pfand geben, die Pfänder werden später eingelöst.

Wortlektion:

Die Reihenfolge der Zahlen von 1 bis 10.

Anwendung im täglichen Leben:

Mit dem Kind Zähl- und Mengenspiele spielen.

Im Rollenspiel beim Kaufladen Zahlen und Mengen nennen, die jetzt im Lernbereich des Kindes liegen.

Auf Mengenbildung und Zahlen im Alltag aufmerksam machen, z. B. beim Einkauf mit dem Kind: „Wieviele Brötchen brauchen wir? Ißt du eins oder zwei, ich esse eins“ u. a. mehr.

Sandpapierziffern

Material:

Die Ziffern von 0 bis 9 sind aus Sandpapier auf farbige Holztäfelchen geklebt und werden in einem Holzkästchen aufbewahrt.

Lernziele:

Das Kind soll die Ziffern von 0 bis 9 kennenlernen. Es soll die Erfahrung machen, daß jede Ziffer eine bestimmte Menge bezeichnet.

Es soll Namen und Symbole der Ziffern verbinden.

Es soll durch den Tastsinn die Schreibbewegung der Ziffer erfahren.

Einführung und Darbietung:

Zuerst werden die Ziffern 1 und 2 eingeführt. Die beiden Sandpapierziffern liegen auf dem Arbeitsplatz des Kindes. Der Heilpädagoge fährt in Schreibbewegung langsam mit Zeige- und Mittelfinger der Form nach und sagt dazu: „Eins." Dann bittet er das Kind, ebenfalls der Form nachzufahren, die Zahl mit den Fingern „zu schreiben" und den Namen zu wiederholen.

Er nimmt die nächste Ziffer, die 2, und fährt der Form mit den Fingern nach. Wenn nun das Kind die Übung wiederholt, sieht, hört und fühlt es die Ziffer.

Dann folgt die zweite Stufe der Namenslektion. Die Ziffern werden gemischt und der Heilpädagoge fordert das Kind auf: „Gib mir die 1! Gib mir die 2!" Diese Stufe wird gründlich gefestigt.

In der dritten Stufe nennt das Kind die Zahl. Auch dabei fährt es mit den Fingern der Ziffer nach. Durch das öftere Nachfahren des Zeichens prägen sich Form und Schreibweise ein und verbinden sich schließlich mit dem Namen.

Hinweise für den Heilpädagogen:

Die Übungen mit den Sandpapierziffern werden erst angeboten, wenn das Kind einen Mengenbegriff hat, „viel" und „wenig" unterscheiden kann und zu zählen beginnt. Eventuell greifen Sie auf vorherige Übungen zurück oder setzen entsprechende Sing- und Bewegungsspiele ein, z. B.: „1-2-3, gekocht ist der Brei", „1-2-3-4, wer steht hinter dir?" und „1-2-3-4-5-6-7, wo ist denn mein Schatz geblieben? . . ."

Vor der Einführung der Ziffern sollte das Kind die Übung mit den Numerischen Stangen kennen.

Nun wird das Symbol immer wieder mit der Menge in Verbindung gebracht.

Bauen Sie schrittweise eine Zahl nach der anderen auf. Motivationsfreundliche Wiederholungsübungen in Sequenzen, die dem Kind Freude machen, festigen und vertiefen das Gelernte.

Lassen Sie die Übung ruhen, wenn sich das Kind nicht mehr konzentrieren kann. Oft kommt es dann von selbst zu einem späteren Zeitpunkt darauf zurück. Ich habe häufig erlebt, daß auch behinderte Kinder auf schwer zu erfassendes Material zurückgreifen, wenn es geduldig und gut eingeführt wurde.

Dem Kind anhand von Sandpapierziffern den Zahlenbegriff erklären.

Die Übung mit „1" beginnen.

Die „1" vor das Kind legen und benennen: „Eins". Um den Begriff „1" zu veranschaulichen, wird ein Chip, ein Muggelstein oder ein Knopf neben die Zahl gelegt: „Die Zahl 1 entspricht einem Gegenstand."

Dem Kind den „Zeige"-Finger bewußt machen und ihm zeigen, wie man damit die Ziffer nachzieht. Danach versuchen, mit Daumen und Zeigefinger der Ziffer nachzufahren und das Nachfahren mit dem Zweifingergriff üben.

Wenn das Kind die Aufgabe gelöst hat, d. h. die „Eins" genügend kennt, die Zahl „Zwei" nennen und neben die Zahl „Eins" legen.

Mit einzelnen Fingern, wenn möglich auch mit dem Zweifingergriff, die Ziffer „Zwei" nachziehen, – dem Kind deutlich machen, daß „Zwei" mehr ist als „Eins".

Die weiteren Zahlen langsam nacheinander einführer und jeweils auf die vorausgegangenen durch Zählen hinweisen: 1, 2, 3 . . .

Das Kind darauf aufmerksam machen, daß „Drei“ mehr ist als „Zwei“ und „Zwei“ mehr als „Eins“.

Jede neue Zahl nennen und zu jeder neuen Zahl die entsprechende Menge Muggelsteine legen, dabei jeweils wieder zum Ausgangspunkt „Eins“ zurückgehen.

Fehlerkontrolle:

Sie geschieht durch den Heilpädagogen.

Abb. 22

Übungsvorschläge:

- In der Dreistufenlektion nacheinander alle Ziffern einführen. Erst neue Ziffern dazunehmen, wenn das Kind die vorhergehenden gut kennt.
- Die Ziffer, die gelernt wird, mit Steckern auf ein Steckbrett stecken (mit Filzstift vormalen).
- Die Ziffer groß auf Papier aufmalen und vom Kind mehrmals mit verschiedenen Buntstiften nachfahren lassen.
- Ziffern mit dem Finger in die Luft, auf den Tisch oder auf den Rücken eines anderen Kindes oder auch des Heilpädagogen „schreiben“.
- Die Ziffern mit Kreide auf eine große Tafel oder mit einem Farbstift auf Kartonpapier übertragen.
- Die Sandpapierziffern auf eine Fensterbank oder auf den Tafelrand in eine Reihe stellen.
- Wenn alle Ziffern bekannt sind, stellt sie das Kind in eine Reihe von 0 bis 9.

- Wenn das Kind die Zahlen von 0 bis 9 kennt und benennt, können kleine Rechenaufgaben zusammengestellt werden: 2 + 1 = 3 u.a., dabei kann das Kind die Chips, Muggelsteine oder Knöpfe zu Hilfe nehmen.

Spiele in der Gruppe:

- Die Kinder legen eine Zahlenreihe: Die Sandpapierziffern werden gemischt und verteilt, oder man läßt jedes Kind eine Ziffer ziehen. „Wer die Ziffer „1“ hat, darf beginnen.“
- „Welche Ziffer kommt nach „1“ (nach 2, nach 3 usw.)?“ Das Kind, das die entsprechende Ziffer hat, legt sie an.
- Mit den Kindern ein Zahlen-Quartett oder ein Zahlen-Lotto herstellen und damit spielen.
- Jedes Kind sucht zu einer bestimmten Zahl die entsprechende Anzahl beliebter (Spiel-) Gegenstände, z.B. Muggelsteine, Chips oder Perlen.

Wortlektion:

Die Zahlen von 1 bis 10.

Anwendung im täglichen Leben:

Das Kind findet zu Hause Ziffern auf dem Tageskalender, auf der Uhr und am Telefon. Es liest die Hausnummern neben der Haustür. Es kennt die Ziffern seines Geburtstages und sucht nach den Geburtsdaten anderer Kinder.

Spindeln

Material:

Das Material besteht aus zwei Holzkästen mit je fünf Fächern, die auf der Rückwand mit Zahlen bezeichnet sind: Auf der Rückwand des ersten Kastens stehen über den Fächern die Zahlen 0 bis 4, auf der Rückwand des zweiten Kastens die Zahlen 5 bis 9. Dazu gehören 45 hölzerne Spindeln, die mit Gummiringen zusammengehalten werden. In jedem Fach liegen so viele Spindeln, wie auf der Rückwand angegeben ist.

Zur Arbeit mit den Spindeln werden noch ein Tuch und ein Körbchen benötigt.

Lernziele:

Das Kind soll erfahren, daß eine Menge auch durch eine bestimmte Quantität von einzelnen Gegenständen dargestellt werden kann.

Es soll erfahren, daß 0 das Zeichen für die leere Menge ist.

Es soll einer vorgegebenen Zahl die entsprechende Menge zuordnen.

Einführung und Darbietung:

Die beiden Kästen stehen auf dem Arbeitsplatz des Kindes. Mit Zahlen und Mengen ist das Kind schon vertraut.

Der Heilpädagoge fordert das Kind auf, die Zahlen an den Kästen zu lesen. Er zeigt auf die Ziffer 1, holt die Spindel aus dem Fach, legt sie in das Körbchen und sagt: „Eins.“ Dann zeigt er auf die Ziffer 2, holt die beiden Spindeln, löst sie aus dem Gummiring, legt die Spindeln nacheinander in das Körbchen und zählt dabei: „Eins, zwei.“ So wird die Übung fortgeführt, bis alle Spindeln in das Körbchen gezählt sind. Der Heilpädagoge bittet dann das Kind, zu den Ziffern die jeweilige Anzahl Spindeln wieder in die Fächer hineinzulegen. Dabei soll es immer wieder vorzählen 1, 2, 3 usw.

Zum Schluß werden die Spindeln wieder in den einzelnen Fächern mit Gummiringen zusammengehalten.

Hinweise für den Heilpädagogen:

Beginnen Sie, je nach Fähigkeit des Kindes, mit einer oder zwei Spindeln. In der darauffolgenden HPÜ wird die Übung wiederholt und eine neue Zahl hinzugenommen, wenn die bisherige Aufgabe dem Kind vertraut ist.

Einführung des Begriffes O.
Das Kind auf das erste Fach aufmerksam machen. In diesem Fach liegt keine Spindel. Auf die Ziffer, mit der das Fach bezeichnet ist, zeigen und sie dem Kind bewußt machen: „Null.“ Dann auf das dazugehörige Fach zeigen: „Das Fach ist leer! Das bedeutet Null!“ Der Heilpädagoge veranschaulicht dem Kind durch Spiele, was Null bedeutet. „Wir stehen einmal auf,“ . . .

„Klopfen zweimal,“ . . . „klopfen nullmal,“ . . . „zeigen fünf Finger,“ . . . „zeigen null Finger,“ u.a. mehr.

Fehlerkontrolle:

Wenn richtig gezählt wurde, bleibt keine Spindel übrig.

Übungsvorschläge:

- Das Kind legt die Spindeln in ungeordneter Reihenfolge in die Fächer, zuerst die fünf, dann die vier, drei usw.
- In die Spindelkästen werden andere Dinge, z. B. Perlen, Stäbchen oder Muggelsteine geordnet – je nach Angabe der Ziffer.
- Die Ziffern werden mit einem Tuch zugedeckt, und das Kind legt die Spindeln in das jeweilige Fach.
- Kombination mit den losen Ziffern und den Chips:

  Vor den Kasten wird die entsprechende Ziffer des Faches gelegt. Da es sich um eine ausgesägte Ziffer handelt, muß das Kind die richtige Raumlage der Ziffer beachten. Anschließend legt es noch die Chips dazu.

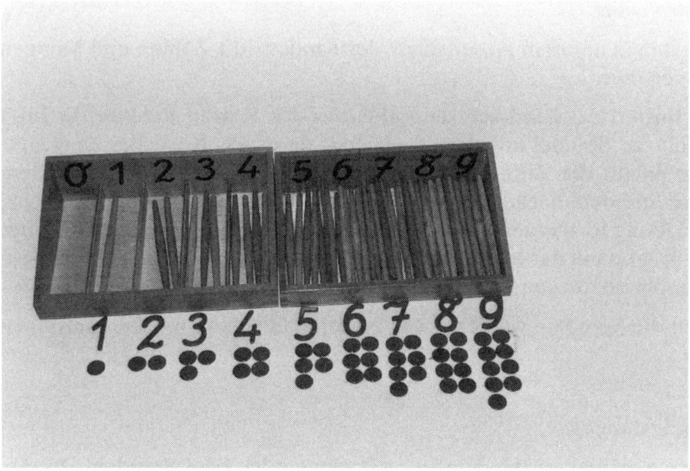

Abb. 23

Spiele in der Gruppe:

- Gedächtnisspiel:
  Zusammengefaltete Zettel, auf denen die Ziffern von 0 bis 9 stehen, werden an die Gruppe verteilt. Die Kinder falten die Zettel auseinander, lesen die Zahl, falten die Zettel wieder zusammen und legen sie auf den Tisch. Dann holt jedes Kind sich die Anzahl Gegenstände (z.B. Knöpfe, Klötze, Spindeln), die der Zahl auf dem Zettel entspricht. Jedes Kind sagt nun die Zahl, die auf dem Zettel steht, zeigt den Zettel und zählt die Gegenstände vor, die es geholt hat. Ein Kind hat auch die Zahl 0, es hat keine Gegenstände vorzuzeigen.

Wortlektion:

Null als Zeichen für die leere Menge: „Null bedeutet dasselbe wie nichts."

Anwendung im täglichen Leben:

Vor einem Kinder-Geburtstagsfest wird die Zahl der vollendeten Lebensjahre als Ziffer aufgemalt, bunt gefärbt und ausgeschnitten. Dazu wird der Platz des Kindes mit Blumen oder Schokoladenplätzchen geschmückt. Wird das Kind sieben Jahre, werden zu der Ziffer 7 sieben Kerzen angezündet und ein Kränzchen aus sieben Blumen um den Teller gelegt u. a. mehr.

Beim gemeinsamen Tischdecken wird überlegt, wieviele Gäste eingeladen sind. Das Kind holt die entsprechende Anzahl Löffel, Teller, Tassen, Servietten usw.

Beim Kuchenbacken holt es die Zutaten aus dem Kühlschrank, z.B. fünf Eier.

Ziffern und Chips

Material:

Ein Kästchen mit 55 roten Chips und aus Holz gesägten Ziffern von 1 bis 10.

Lernziele:

Das Kind soll die Numerische Zahlenreihe von 1 bis 10 beherrschen.

Es soll einer Menge Chips die entsprechende Ziffer zuordnen, Menge und Symbol miteinander verbinden.

Einführung und Darbietung:

Die erste Übung mit diesem Material geschieht in Verbindung mit den Spindelkästen, so daß die Reihenfolge der Ziffern bekannt ist. Wird das Material allein angeboten, mischt der Heilpädagoge die Ziffern und fordert das Kind auf, die Ziffernfolge von 1 bis 10 zu legen. Dann nimmt er die Chips und legt zu jeder Ziffer die entsprechende Menge. Bei mehreren Chips werden Zweierreihen gelegt. Bei ungeraden Zahlen wird der letzte Chip in die Mitte unter das letzte Paar gelegt. Das Kind wiederholt die Übung.

Hinweise für den Heilpädagogen:

Beginnen Sie mit dem Zahlenraum, der dem Kind bekannt ist. Steigern Sie – der Lernfähigkeit des Kindes entsprechend – die Ziffernreihe. Auch hier gilt: Das Kind darf nicht überfordert, aber auch nicht unterfordert werden.

Den Kindern, die das Bedürfnis haben, die Ziffern zu schreiben, sollten Sie die Möglichkeit dazu geben.

Fehlerkontrolle:

Wenn die Chips von 1 bis 10 gelegt sind, bleibt keiner übrig. Der Heilpädagoge überprüft mit dem Kind die Anzahl der Chips zu der jeweiligen Ziffer.

Übungsvorschläge:

- Zu den Ziffern andere Dinge in der entsprechenden Menge legen.
- Verschiedene Anordnungen von Chips herstellen, das Kind legt die Ziffer dazu.
- Die Chips liegen in ungeordneter Folge, und die Ziffern werden dazugelegt.
- Kombinationsübungen mit Spindeln, Ziffern und Chips gemeinsam durchführen.
- Kleine Additionsaufgaben mit Ziffern und Chips anbieten:
  $2 + 1 = 3$
  $4 + 2 = 6$ usw.
- Eine vorgegebene Menge, z. B. Obst, der Ziffer zuordnen.
- Auf einer Kartenhälfte steht eine Ziffer. Das Kind legt auf die andere Hälfte die entsprechenden Plättchen oder anderes Legematerial.

- Der Heilpädagoge benennt oder zeigt eine Ziffer. Das Kind klatscht, stampft oder klopft die Zahl.
- Es werden Zifferstreifen mit Zwischenräumen angefertigt, die das Kind mit bereitliegenden Zahlen ausfüllt:
  12, 45, 7 usw.
- Dem Kind wird ein Mengen-Domino oder ein Mengen-Memory angeboten, das auch mit dem Kind selbst hergestellt werden kann.

Spiele in der Gruppe:

Die Übungsvorschläge eignen sich auch für mehrere Kinder und können mit entsprechenden Änderungen als Gruppen-Spiele angeboten werden.

Wortlektion:

Wiederholung und Vertiefung der Zahlen 1 bis 10.

Anwendung im täglichen Leben:

Das Kind deckt den Frühstückstisch für die achtköpfige Familie. Es holt die entsprechende Anzahl Eier, Eierbecher, Eierlöffel u.a. mehr. Gemeinsam wird die entsprechende Anzahl Brötchen eingekauft. Das Kind fragt zuvor jeden Einzelnen, ob er ein oder zwei Brötchen ißt und zählt, wieviel Brötchen einzukaufen sind, wenn ein oder drei Personen statt eines Brötchens zwei essen.

4. Nachwort

Alle Übungsvorschläge und Anwendungen, wie sie in diesem Werkheft aufgeschrieben wurden, verstehen sich als Anregungen, die Sie immer neu für das jeweilige Kind in der jeweiligen HPÜ modifiziert anbieten sollten. Berücksichtigen Sie bitte auch Ihre eigenen Grenzen und Möglichkeiten.

Zum Schluß wünsche ich Ihnen den Mut und die Kraft des gemeinsamen täglichen Neuanfangs. Vergessen Sie nicht, daß die HPÜ eine Methode mit Herz ist und daß auch weiterhin gilt: „Eine HPÜ, in der nicht wenigstens einmal herzlich gelacht wird, ist keine HPÜ."

CLARA MARIA VON OY

5. Literaturverzeichnis

ARGY, W. P.: Montessori versus Orthodox. A Study to Determine the Relative Improvement of the Preschool Child with Brain Damage Trained by One of the Two Methods. In: Rehabilitation Literature Vol. 26, 10 (1965) p. 294–304

AURIN, K.: Ein konkreter Weg der Rehabilitation geistig behinderter Jugendlicher. In: Die Rehabilitation 3 (1964) 4, S. 182–188

AURIN, K.: Gruppenarbeit mit leistungsschwachen Jugendlichen. In: Psychologische Praxis 29 (1961) S. 122 ff.

AURIN, K.: Zur Rehabilitation geistig behinderter Jugendlicher. In: Die Rehabilitation 3 (1964) 3, S. 103–100

Bischöfliches Generalvikariat, Hauptabteilung Bildung (Hrsg.): Freiarbeit. Eine neue Unterrichtsform in der Sekundarstufe I. Hildesheim o.J.

BÖHM, W.: Maria Montessori. Hintergrund und Prinzipien ihres pädagogischen Denkens. Bad Heilbrunn 2. Aufl. 1991

BÖHM, W.: (Hrsg.): Maria Montessori. Texte und Diskussion. Bad Heilbrunn 1971

BÖHM, W.: Montessori aktuell. Theorie und Praxis der Montessori-Pädagogik. In: Welt des Kindes 54 (1976) 5, S. 355–361

FISCHER-BUCK, A.: Naturgemäße Erziehung. Ein Vergleich der Lehre von Pestalozzi und Montessori, angewandt auf die heutige psychologische Pädagogik. Bonn 1959

FLITNER, A.: Spielen – Lernen. Praxis und Deutung des Kinderspiels. München 9. Aufl. 1992

GÜNNIGMANN, M.: Montessori-Pädagogik in Deutschland. Freiburg 1979

HAINSTOCK, E.G.: Montessori zu Hause. Die Vorschuljahre. Freiburg 1971

HAINSTOCK, E.G.: Montessori zu Hause. Die Schuljahre. Freiburg 1973

HECKER, H., MUCHOW, M.: Friedrich Fröbel und Maria Montessori. Leipzig, 2. Aufl. 1931

HELLBRÜGGE, TH. (Hrsg.), MONTESSORI, M., Sen.: Die Montessori-Pädagogik und das behinderte Kind. Referate und Ergebnisse des 18. Internationalen Montessori-Kongresses (München, 4.–8. Juli 1977). München 1978

HELMING, H.: Montessori-Pädagogik, Freiburg, 14., erw. Aufl. 1992

HOLTSTIEGE, H.: Erzieher in der Montessori-Pädagogik. Freiburg 1991

HOLTSTIEGE, H.: Modell Montessori. Grundsätze und aktuelle Geltung der Montessori-Pädagogik. Freiburg 6. Aufl. 1991

JORDAN, H.: Mehr Freude mit Kindern. Hrsg. v. P. Scheid. Freiburg 1968

JOSEF, K.: Lernen und Lernhilfen bei geistig Behinderten. Berlin 3., unveränd. Aufl. 1974

KRAMER, R.: Maria Montessori. Leben und Werk einer großen Frau. Frankfurt/M. 1983

KREUZBERGER, N.: Fragen und Meinungen zur Montessori-Pädagogik in der Grundschule und Sekundarstufe. Lohmar/Bonn 1989

MONTESSORI, M.: Ausgewählte Texte. Hrsg. v. H. Ch. Meiser. München 1990

MONTESSORI, M.: The Child, Society and the World. Oxford 1989

MONTESSORI, M.: Die Entdeckung des Kindes. Hrsg. v. P. Oswald, G. Schulz-Benesch. Freiburg, 11. Auflage 1994

MONTESSORI, M.: Erziehung zum Menschen. Montessori-Pädagogik heute. Frankfurt/M., 9. Auflage 1993 (Fischer Tb., 3069)
MONTESSORI, M.: Frieden und Erziehung. Hrsg. v. P. Oswald, G. Schulz-Benesch. Freiburg 1973
MONTESSORI, M.: Grundlagen meiner Pädagogik und weitere Aufsätze. Hrsg.v.B. Michael. Heidelberg, 6. Aufl. 1985
MONTESSORI, M.: Das Kind in der Familie. Hrsg. Deutsche Montessori-Gesellschaft. Stuttgart 1954
MONTESSORI, M.: Kinder, die in der Kirche leben. Hrsg. v.H. Helming. Freiburg 1964
MONTESSORI, M.: Kinder sind anders. Stuttgart, 13. Aufl. 1993
MONTESSORI, M.: Das kreative Kind. Der absorbierende Geist. Hrsg. v. P. Oswald, G. Schulz-Benesch. Freiburg, 10. Aufl. 1994
MONTESSORI, M.: Die Macht der Schwachen. Hrsg. v. P. Oswald, G. Schulz-Benesch. Freiburg 1989
MONTESSORI, M.: Mein Handbuch. Stuttgart 1922
MONTESSORI, M.: Montessori-Erziehung für Schulkinder. Stuttgart 1926
MONTESSORI, M.: Schule des Kindes. Hrsg. v. P. Oswald, G. Schulz-Benesch. Freiburg, 4. Aufl. 1991
MONTESSORI, M.: Über die Bildung des Menschen. Hrsg. v. P. Oswald, G. Schulz-Benesch. Freiburg 1966
MONTESSORI, M.: Von der Kindheit zur Jugend. Hrsg. v. P. Oswald. Freiburg, 2. Aufl. 1973
NEISE, K.: Montessori-Erziehung bei Geistigbehinderten. In: Zeitschrift für Heilpädagogik 24 (1973), 9, S. 737–754
NEISE, K.: Montessori-Erziehung in der Heilpädagogik. In: Zeitschrift für Heilpädagogik 25 (1974), 12, S. 713–726
OREM, R. C.: Montessori heute. Ravensburg 1975
OSWALD, P.: Die Anthropologie Maria Montessoris. Münster 1970
OSWALD, P.: Erziehen? – Heute? Prinzipien verantworteter Erziehung. St. Augustin 2. Aufl. 1989
OSWALD, P.: Das Kind im Werke Maria Montessoris. Mülheim/Ruhr 1958
OSWALD, P.: SCHULZ-BENESCH, G.: Grundgedanken der Montessori-Pädagogik. Freiburg, 4. Aufl. 1975
OSWALD, P.: SCHULZ-BENESCH, G.: Montessori für Eltern. Ravensburg 1974
v. OY, CL. M., SAGI, A.: Lehrbuch der heilpädagogischen Übungsbehandlung. Heidelberg, 10. Aufl. 1994
PIEPER, J.: Kleines Lesebuch von den Tugenden des menschlichen Herzens. Ostfildern 1988
POSTMAN, N.: Das Verschwinden der Kindheit. Frankfurt/M., 7. Aufl. 1994 (Fischer Tb., 3855)
REENTS, CH./MONTESSORI, M.: in: SCHRÖER, J., ZILLESSEN, D. (Hrsg.): Klassiker der Religionspädagogik. Frankfurt/M. 1989, S. 197–210
SCHMUTZLER, H.J.: Freiarbeit in der Montessori-Pädagogik. Hamm 1989
SCHMUTZLER, H.J.: Fröbel und Montessori. Freiburg 1991
SCHULZ-BENESCH, G.: Diskussion: Montessori-Pädagogik. In: Welt des Kindes 55 (1977), 2, S. 141–145

SCHULZ-BENESCH, G.: Montessori, „Wege der Forschung“, Bd. 200. Darmstadt 1970
SCHULZ-BENESCH, G.: Der Streit um Montessori. Freiburg 1961
STANDING, E. M.: Montessori, Leben und Werk. Hrsg. v. P. Scheid. Stuttgart o.J., (1959); Oberursel/Taunus o.J. (1970)
STEIN, B./HELMING, H.: Sorgen um den Menschen in unserer Zeit. In: BREHMER, I. (Hrsg.): Mütterlichkeit als Profession? Lebensläufe deutscher Pädagoginnen in der ersten Hälfte dieses Jahrhunderts. Bd. 1. Pfaffenweiler 1990, S. 185–196
STOPPENBRINK-BUCHHOLZ, F.: Montessoripädagogik und Hilfsschule (Sonderschule für Lernbehinderte). In: HEESE, G., WEGENER, H. (Hrsg.): Enzyklopädisches Handbuch der Sonderpädagogik und ihrer Grenzgebiete. Berlin 1966, Sp. 2199
v. VEEN-BOSSE, BR.: Konzentration und Geist. Die Anthropologie in der Pädagogik Maria Montessoris. In: HAGENMAIER, TH., CORRELL, V., v. VEEN-BOSSE, BR.: Neue Aspekte der Reformpädagogik. Heidelberg 1964